目次

図版レイアウト／ＭＯＴＨＥＲ

はじめに

二〇二一年一〇月にポーランドのワルシャワで開かれた第一八回ショパン国際ピアノコンクール。マルタ・アルゲリッチ、マウリツィオ・ポリーニ、クリスチャン・ツィメルマンなど名ピアニストを世に送り、世界三大コンクール（あと二つはチャイコフスキー国際コンクールとエリザベート王妃国際音楽コンクール）の中でももっとも権威のある登竜門として知られている。

三週間にわたる審査の結果、優勝は中国系カナダ人のブルース・シャオユー・リウ、第二位は、日本の反田《そりた》恭平《きょうへい》とイタリア＝スロベニアのアレクサンダー・ガジェヴ。スペインのマルティン・ガルシア・ガルシアが第三位、前回ファイナリストの小林愛実《あいみ》もポーランドのヤクブ・クシュリックと同率で第四位に入った。

日本は二〇〇五年に関本昌平《せきもとしょうへい》と山本貴志《たかし》が第四位に入って以来、二大会連続で入賞者

会場の国立ワルシャワ・フィルハーモニー。最後の演奏者ブルース・リウは舞台に戻ってきて、オーケストラに拍手した。著者撮影。

を出していなかった。今回は、優勝こそお預けになったものの、反田恭平が、国際的名声を誇る内田光子（現・英国籍）以来五一年ぶりの二位ということで、歴代優勝者からも祝福のコメントが入るなど、大変な盛り上がりとなった。

このコンクール、本来は五年に一度（オリンピックより間遠だ）のはずが、新型コロナウイルス感染症拡大のため一年延期になり、しかも四月に予定されていた予備予選も七月に延期になった。

応募総数は史上最多の五〇二名。二〇二〇年に行われたＤＶＤ審査で一六四名の合格者が発表されていたが、実際に参加したのは一五一名だった。六月に入ってポーランドで感染者が増大し、ワルシャワ入りしてからも一週間隔離を要すると発表され、すでに飛行機を手配していたコンテスタントたちはパニックに陥った。これは特別措置が認められることになり、参加者の約半数の七八名が合格。主要コンクールの上位入賞者九名を含む八七名（うち日本人一四名）が秋の本大会への出場を認められた。

本大会では隔離の心配こそなかったものの、事前にワクチン接種とPCR検査が義務づけられており、乗り継ぎの空港でもチェックがあり、ワルシャワにたどりつけるかどうかすらさだかではなく、出場者たちの心痛は如何《いか》ばかりであったかと推察する。

しかし、蓋を開けてみると、準備期間が十分にあったためか、かつてない完成度とレヴェルの高さで、稀《まれ》に見る激戦のコンクールとなった。

予選が三ステップあり、一次、二次と進むにつれて半数に絞られていく。第一次予選ではどうしても半数にできず、四五名（うち日本人八名）が通過することになった。結果発表で審査員長のカタジーナ・ポポヴァ＝ズィドロンが憔悴《しょうすい》しきった表情で現れ、これほどすばらしいピアニストたちにサヨナラを言わなければならないとは、としきりに謝っていた。

それでも、オーケストラとの共演の関係から本選では規定どおり一〇人にするのだろうと思っていたら、一〇位と一一位が同点で、どうせならキリの良いところでと、ワルシャワ・フィルハーモニー管弦楽団の了解を得た上で一二人が協奏曲を弾くという、前代未聞の事態が起きたのである。

本選の審査にも長い時間を要した。全演奏が終了したのが二〇日の二一時四五分ごろ。結果発表は翌日の午前二時をすぎていたと思う。ＮＩＦＣ（フレデリック・ショパン研究所）のシュクレネル所長の説明によれば、規定どおり順位点で投票したところ二位が三名出てしまったらしい。討議の末、投票方法を変えてようやく順位はついたものの、二位と四位が二名ずつ、五位がイタリアのレオノーラ・アルメリーニ、六位がカナダのＪＪ・ジュン・リ・ブイと、ファイナリストのうち八名がプライズウイナーとなり、残りの四名にはやや残酷な結果となった。

第一八回ショパン・コンクールの出場者たちは、レヴェルが高い上に個性派ぞろいで、既存の価値観をもくつがえすような演奏があいついだ。なかでも、優勝したブルース・リウが三次予選で弾いた『ラ・チ・ダレム（モーツァルトの『ドン・ジョヴァンニ』の「お手をどうぞ」による）変奏曲』は、審査員たちによって「歴史的名演」と賞賛された。

もともとショパン・コンクールは、一九世紀的なヴィルトゥオジティ（名人芸）に対するアンチテーゼとして創設された。

「ショパンコンクールで評価される演奏には、二つのタイプがあります」と審査員のダン・タイ・ソンは言う。「まずひとつは、ショパンに対して特別な態度で臨み、深くショパンとつながっているショパニストであること。もうひとつは、それほどショパンにスペシャライズしていないかもしれないけど、一般的に大変ハイクラスなピアニストであるということ」（高坂はる香ブログ『ピアノの惑星ＪＯＵＲＮＡＬ』より「審査員インタビューはみだし編」、以下『ピアノの惑星ＪＯＵＲＮＡＬ』）

ｗｅｂマガジン『ＯＮＴＯＭＯ』編集部は、ストリーミング視聴の手引きとして一年ほど前から審査員たちへのインタビューを行っていた。彼らは異口同音に「ピアノをよく弾ける人ではなくショパニストを選ぶ」と公言していたにもかかわらず、蓋を開けてみたら、ポーランドの審査員エヴァ・ポブウォッカの表現によれば「シューラ・チェルカスキーのような19世紀のヴィルトゥオーソ《ママ》［名人］」が優勝してしまったのである。

拙書『ショパン・コンクール』（中公新書）で書いたことだが、このコンクールは創設以来ふたつのスタイルの間を揺れ動いてきた。すなわち二〇世紀の「楽譜に忠実派」と一九世紀的な「ロマンティック派」である。二〇一八年に同じＮＩＦＣによって創設された「ショパン国際ピリオド楽器コンクール」により、新たに「一八世紀派」が加わることになる。

一九二七年にショパン・コンクールが創設されたころは、ショパンの音楽は「過度にロマンティックで危険なまでにセンチメンタルすぎる音楽」と認識されていた。

認識だけではなく、ショパン演奏そのものも悲惨な状況だったらしい。あるときは目にも留まらぬ速さで、またあるときは蠅《はえ》が止まりそうな遅さで弾いたり、舞曲のリズムをデフォルメしたりするのは当たり前。ヴィルトゥオーゾとして高名なゴドフスキ［Leopold Godowsky 1870-1938］など、異なる練習曲《エチュード》を結合させてしまったり、原形をとどめないほどアレンジしたり、好敵手のブゾーニ［Ferruccio Busoni 1866-1924］は『黒鍵のエチュード』

に派手なパッセージをつけたしたりして拍手喝采を得ている。二〇二一年のコンクールの出場者がいかに自由奔放でも、こんな狼藉《ろうぜき》はしていない。

ショパンの曽孫弟子（弟子のカロル・ミクリの弟子アレクサンデル・ミハウォフスキの弟子）にあたるイェジ・ジュラヴレフというワルシャワ音楽院のピアノ科教授が、「著しくゆがめられたショパン演奏を本来あるべき姿に戻す」ためにコンクールを創設しようとしたわけもわかる。

しかしここで問題になるのは、戻そうとした「本来あるべき姿」が「本来あるべき姿ではなかった」かもしれない、ということだ。

ちょうどそのころ、ゆきすぎた一九世紀的ロマンティシズムへの反動から「ノイエ・ザッハリヒカイト（新即物主義）」が台頭してくる。「楽譜に忠実に。作曲者の意図を尊重し、解釈に何ものもさしはさまず、技巧のための技巧も弄さず、作品そのものに語らせる」スタイルである。第一回優勝者のレフ・オボーリンがまさにそんな演奏だった。

コンクールの創設者の一人ズビグニェフ・ジェヴィエツキの録音も残っているが、味わい深い演奏ではあるものの、スタイル的にはザッハリヒだ。

ピアノ演奏は師匠から門下に伝授される。七回にわたって審査員、第四、六、七回では審査員長をつとめるなど草創期のコンクールに君臨したジェヴィエツキは、門下からハリーナ・チェルニー＝ステファンスカとアダム・ハラシェヴィチ（今回の審査員でもある）という二人の優勝者を出している。エキエル版［ポーランドの国家事業として制作されたショパン・コンクールの推奨楽譜］の編纂《へんさん》で知られるヤン・エキエルもジェヴィエツキ門下で、一九三七年の第八位。一九八五年から九五年まで審査員長をつとめた。

ショパン・コンクールは、この二人を軸に「楽譜に忠実」をモットーに推進されてきたが、ともすると原理主義に傾き、審査基準が硬直化してしまったことも否めない。

ジェヴィエツキが最後に審査員長をつとめた一九六五年には、ポーランドの批評家グループが、「楽譜に忠実」を信奉するあまり「外国人演奏家の自由で個性的な表現」を尊重しない自国の審査員を告発するという事件が起きている（二次予選で敗退した三名の外国人の中には遠藤郁子《いくこ》も含まれる。ジェヴィエツキに師事した中村紘子《ひろこ》は第四位に入賞）。

対立がわかりやすい形で現れたのは、一九八〇年のポゴレリチ事件だろう。ユーゴスラビア出身でモスクワ音楽院に学ぶ青年は圧倒的なテクニックと特異な解釈で強烈な印象を残したが、一部の審査員が極端に低い点をつけたためにファイナルに進めなかった。怒ったアルゲリッチが、「彼は天才よ！」という言葉を残して審査員を降りてしまった話は有名だ。このときの優勝者が、二〇〇五年から審査員をつとめるダン・タイ・ソンだ。

フィリップ・ジュジアーノ（今回の審査員）が一位なしの二位になった一九九五年のときでも、端正なスタイルの彼と、奔放な演奏で聴衆の人気を得たアレクセイ・スルタノフが同率二位となった。結果を不満としたスルタノフは授賞式と入賞者演奏会をボイコットした。その後スルタノフが脳出血で亡くなったため、悲劇を生んだコンクールとして語りつがれている。

ファイナリストが粒ぞろいだった二〇一〇年でも、端正な演奏をするユリアンナ・アヴデーエワが優勝し、〝個性派〟のエフゲニ・ボジャノフは第四位を不服として入賞者演奏会をボイコットした。

二〇一五年はダン・タイ・ソンの門下生が躍進したこともあり、より自由で個性的な演奏が目につくようになる。ボジャノフに憧れるゲオルギス・オソキンスは、特異な演奏スタイルで物議をかもしながらもファイナリストになった。ダン・タイ・ソン門下のケイト・リウは憑依《ひょうい》したような演奏で第三位、「夢見るようにゆっくり弾く」エリック・ルーは第四位に入賞している。優勝は端正派のチョ・ソンジンだったが、ここで新しい価値観が生まれた。

二〇二一年の第一八回ではこうした傾向がさらに顕著になり、従来なら認められなかったような自由奔放なアプローチが続出するコンクールとなった。

優勝したブルース・リウは一九世紀の名人芸が復活したような圧倒的なテクニックと推進力で聴衆の支持を得たが、明らかに過去三回のラファウ・ブレハッチ、アヴデーエワ、チョ・ソンジン……と連なる系譜とは違っていた。コンクールであるにもかかわらず鼻歌を歌いながら楽しそうに演奏したスペインのガルシア・ガルシアも、ラウンドごとに当落線上をさまよいながらしぶとく勝ち上がり、第三位と協奏曲賞を獲得してしまった。

その裏で、優勝候補と目されながら第二次予選で姿を消した牛田智大《ともはる》を筆頭に、フレーズのすみずみまで気を配り、完璧に近い演奏を聞かせた韓国のスーヨン・キム、楽譜主体でスケールの大きな演奏を展開した古海行子《ふるみやすこ》、全ポーランドの期待を集めた前回ファイナリストのシモン・ネーリングや、ポーランド国内のショパン・コンクールで優勝し、予備予選免除のピオトル・アレクセヴィチらが本選に進めなかったのは衝撃だった。

第三次予選の結果発表の際、端正な演奏スタイルを推し進めてきた審査員長のポポヴァ＝ズィドロン（ネーリングの先生）は、〝プレッシャー〟を理由に姿を見せなかった。

審査員の間でも意見が分かれたようだ。ブルース・リウの師匠でもあるダン・タイ・ソンは高坂はる香によるインタビュー（『ぶらあぼＯＮＬＩＮＥ』「高坂はる香のワルシャワ現地レポート」、以下『ぶらあぼ』）で、「従来の方法で作品の中に入っていって演奏したピアニストにとっては、残念ながら、結果が厳しいものであったかもしれません。私たちが参加していた時代は、人々がもっと深いものをありがたがっていたように思います。それに対して今は、より印象的で活発な音楽が評価されるようになった」と語っている。

「楽譜に忠実」派のクシシュトフ・ヤブウォンスキは『ぶらあぼ』のインタビューで不満をぶちまける。

「いま私が感じている問題は、今回の結果が、オリジナリティを求めるということに影響されすぎていたのではないか、ということです。目立ったり、説得力をもって聴衆とコミュニケーションをとろうとするあまり、楽譜に書かれていることに反した演奏をするのは、良い決断といえません。ショパンの音楽を演奏するにあたっては、ショパンが言っていることを聞かなくてはいけないのです」

いっぽうで、「ショパンが言っていることを聞く」ための研究も進んでいる。スイスの音楽学者ジャン＝ジャック・エーゲルディンゲルが一九七〇年に刊行した『弟子から見たショパン　そのピアノ教育法と演奏美学』（一九七九年の第二版にもとづく邦訳初版は一九八三年、増補最新版は二〇二〇年）は画期的だった。そこでは、ショパンに習った弟子たちの証言が集められ、奏法や書法の秘密を知る上で欠かせない基礎練習や、ショパンの書きこみのある楽譜も紹介されている。

フレデリック・ショパンは即興演奏の大家だった。彼のピアノ曲は即興によって生み出され、ジョルジュ・サンドによれば、機織り姫のような苦労を経て楽譜に起こされたものだった。楽譜は始終姿を変え、フランスの出版社に送った自筆譜とドイツ、イギリスのそれでは異なっている。現在では、審査員をつとめるジョン・リンクが展開するウェブ・サイト「ショパン・オンライン」でさまざまな手稿を比較して見ることができる。

つまり、ことショパンに関するかぎり、「楽譜に忠実」はそんなに単純ではないのだ。

『弟子から見たショパン』によって、ショパン自身がどのように弾いていたか――もある程度解明されるようになった。それは、一九二〇年代の演奏とは違っていたが、「新即物主義」の影響下にあるコンクールの審査員たちが理想とするスタイルとも違っていた。

二〇一八年秋には、そんな「リアル・ショパン」を求めて、ＮＩＦＣによって「ショパン国際ピリオド楽器コンクール」が創設された。ショパンが生きた時代の楽器を使用し、当時の演奏習慣を再現しようとする試みである。

そこでは、「楽譜に忠実」はまったく通用しなかった。楽曲の前にも間にも楽譜に書かれていない音が挿入され、よく知られたメロディも楽譜にない装飾でふちどられ、「新即物主義」で育った身には驚天するようなパフォーマンスがくり広げられた。

同じショパンなのに、どうしてこうも違うことになるのだろう。いったい何が「リアル・ショパン」なのか。「楽譜に忠実」な演奏か、それとも……。

二〇二一年のコンクールについて語る前に、その三年前に開催されたピリオド楽器のためのショパン・コンクールを覗《のぞ》いてみよう。

一　「リアル・ショパン」を求めて

——第一回ショパン国際ピリオド楽器コンクール

装飾法について

「ショパンは格別の愛着をこめて、フィールドのノクターンを弾いていた。（中略）弾きながら思いつくままに装飾音を加え、妙なる調べの魅力を存分に発揮させたのである」

（ミクーリ『弟子から見たショパン（増補最新版）』ジャン＝ジャック・エーゲルディンゲル著、米谷治郎、中島弘二訳、音楽之友社、以下同）

「ショパンが自作を演奏するときは、好んで装飾音の変奏をメロディーのパッセージの何箇所かに導入するのであった。ミクーリによると、マズルカのときは特にそれを好んだと言う」

（ミクーリ／コチャルスキ『弟子から見たショパン』）

天地がひっくり返るような……

ショパンが生まれた一八一〇年は、日本でいえば江戸時代後期にあたる。弥次《やじ》さん喜多《きた》さんで知られる十返舎一九《じっぺんしゃいっく》の滑稽本『東海道中膝栗毛《ひざくりげ》』（一八〇二〜一八〇九）は、ショパンが生まれる前年まで刊行された。これを江戸言葉で読むのを聴いたことがあるが、発音やアクセント、イントネーションが現在とは異なっている。たとえば「ai」が「eː」になり、「違いない」は「ちげーねー」、「大根」は「でーこん」、「大概」は「てーげー」と変化し、どこか江戸前の落語を聴いているような印象がある。

同じ文字を読んでいても、時代によって読み方が異なる。ショパンの楽譜についても同じようなことが言えよう。さすがに音高が変化することはないが、同じおたまじゃくしでも、リズム、フレージング、装飾、テンポ・ルバート（音価を伸縮させる奏法）など今日の読み方とは異なっている。

江戸時代の作品だから必ずしも当時の発音でしか読んではいけないということはもちろんなく、むしろ現代の発音で読まなければ意味が通じにくい。同じように、ショパンの音楽をその時代の演奏習慣で演奏しなければならないということもないだろう。しかし、江戸言葉で語られる『東海道中膝栗毛』が庶民の生活心情をまざまざと蘇《よみがえ》らせるように、「リアル・ショパン」に迫るのであれば、時代考証は避けては通れまい。

第一回「ショパン国際ピリオド楽器コンクール」は二〇一八年九月二日から一三日間にわたって、国立ワルシャワ・フィルハーモニーで開催された。ピリオド楽器とは、作品が書かれた時代に使われていた楽器のこと。五年に一度開かれる、いわゆる「ショパン・コンクール」（便宜上モダンと呼ぶ）とは違い、ショパンが生きた一八一〇〜一八四〇年代に制作されたピアノで弾くことが義務づけられている。

入賞者四名のうち三名をポーランド勢が占める中で、日本の川口成彦《なるひこ》が第二位に入賞したことは記憶に新しい（このコンクールは二〇二三年も開催が決まっている）。筆者もジャーナリスト・パスを申請して現地に赴いたが、びっくりすることがいくつもあった。

まずひとつは、出場者のために用意された五台の楽器に、普通のコンクールのような黒塗りのピアノが一台もなかったこと。マホガニー色だったり濃い茶色だったり、寄せ木細工だったり縁が唐草模様だったり、側面に飾りがついていたり、チェンバロのように尻尾が細く角張っていたりペダルが四本もついていたり、実にさまざまだった。

鍵盤の数もスタンダードは八八鍵（七オクターヴ四分の一）なのだが、五台の中にそれだけそろっているピアノは一台もなかった。多いもので六オクターヴ三分の二、ついで六オクターヴ三分の一、一番少ないモデルは六オクターヴちょうどしかついていない。鍵盤が足りなくて曲が弾けるのかと思ったが、ショパンなら大丈夫らしい。

ピアノのお色直しにもびっくりした。出場者によってはステージに二台も三台も楽器を並べ、演奏曲ごとに行ったり来たりして弾いている。

モダンのショパン・コンクールでもピアノは五台提供され、出場者の自由なチョイスに任されている。二〇二一年はスタインウェイが二台、ファツィオリとヤマハとカワイがそれぞれ一台ずつ用意された。いったん選定したら、少なくともひとつのラウンドはそのピアノだけを弾かなければならない。練習曲では弾きやすいヤマハを、ノクターンでは歌いやすいカワイを、バラードではパワフルなスタインウェイを……などと取り替えたりできない（取り替えられれば良いと思っているピアニストもいるかもしれない）。

しかるに、ピリオド楽器のコンクールでは、演奏曲にふさわしいと思う楽器を三台まで並べてよいことになっている。そのチョイス自体が審査の対象になるらしい。

演奏スタイルにもびっくりした。たとえばショパンのマズルカやポロネーズ。これまで出版されたどの楽譜にも書いていないような装飾的パッセージが聞こえてくる。曲の前にもぴょろろん、ぱらられとアルペッジョを掻《か》き鳴らしたりする。曲と曲の間も何か加えて弾いてしまったりする。「楽譜に忠実に」「書いてあること以外何もつけ足さないように」ときびしく指導されてきた身には天地がひっくり返るようなできごとだった。

テンポ・ルバートにもびっくりした。ショパン特有の息の長いメロディ。伴奏の音とメロディの音のタイミングをずらして弾いている。これも「左右の手は同時に！」ときびしく指導されてきた身としては唖然《あぜん》とするばかり。

ピアノこわれちゃった事件まであった。モダン楽器のコンクールでも、弦が切れることはたまにある。二〇一五年の予備予選では、『木枯らしの練習曲』の最後のスケールのシメの音でパーンと音がして、高音の弦が切れたことが二回、バスの激しいテーマ連打で低音の弦が切れたことも一回あった。

しかし、一八三七年製のエラールは、あろうことか鍵盤が剝がれたのだ。第二次予選でフランスのアントワーヌ・ド・グロレが『アンダンテ・スピアナートと華麗なる大ポロネーズ』を演奏中、片方の手で何やらつまみ、さっと譜面台に置いて演奏をつづけた。どうも爪が鍵盤の端に引っかかって、象牙部分が剝がれてしまったらしい（象牙は輸出入禁止なので、現在のピアノには使われていない）。それも前半のスローな「アンダンテ・スピアナート」ではなく、疾風怒濤《どとう》の「大ポロネーズ」部分でのできごとだ。右手で超特急のパッセージを弾きながら、一瞬空いた左手で剝がれた象牙を撤去し、何事もなかったように演奏をつづけたド・グロレは、それだけで優勝に値するような神業だった。

客席に陣取った日本人オブザーバーは、休憩後に川口成彦が同じエラールを使う予定なのを知っているのでハラハラした。調律師は、象牙を元に戻し、専用の接着剤に瞬間接着剤を混ぜて塗り、テープで固定。ショパンの時代の歴史的な楽器である。まさか、家具の引き出しなんかと同じ扱いとは思わなかった。

二〇分後に登場した川口は、くだんのエラールで二曲のポロネーズを演奏したが、特に支障は感じられなかった。どうも古い楽器では起こり得ることらしい。

ダブルエスケープメントの開発

モダンとピリオド楽器の違いは、棒高跳びのポールにたとえるとわかりやすいだろうか。選手たちが木製のポールで跳んでいたころの記録はせいぜい二メートルか三メートルだったが、竹製のポールが出てくると四メートル台の記録が出るようになった。日本にはよくしなる竹があったので、一九三六年のベルリンオリンピックではメダルを取ることもできた。一九六〇年代にグラスファイバーやカーボンのポールが開発されると、記録は一挙に五メートル台に伸びた（ブブカは一九八五年に世界で初めて六メートルジャンパーとなった）。これは、三六〇度曲げてもポールが折れないという性能のためらしい。

ピリオド楽器のピアノは、いわば木や竹のポールのようなものだ。グラスファイバーは、助走によるエネルギーをポールに伝え、大きくしならせることによってエネルギーを一時的に蓄えるから、より高く跳ぶことができる。グラスファイバーほどは曲がらない木や竹で培った技術は、グラスファイバー製のポールで高く跳ぶためには通用しない。かえって邪魔になることもあるだろう。木や竹のポールで跳ぶときにこそ、それらにフィットした昔ながらの技術が必要になる。

この技術革命が、ピアノで言うならエラール社によるダブルエスケープメントの開発にあたるかもしれない。ピアノは、鍵盤に加えた力がハンマーに伝わって弦を叩《たた》くことによって音を出す仕組みだ。シングルアクションのピアノでは、鍵盤を完全に上げないと次の音が出せないが、ダブルアクション（＝ダブルエスケープメント）では、途中まで上げたところで次の打鍵が可能になる。リストはこの性能を利用して、『ラ・カンパネラ』をトレモロ（複数の高さの音を交互に弾く）から連打（同じ音を続けて弾く）に書き換えた。

現在のピアニストは、ダブルアクションのピアノを想定して練習している。技術的に難しいところだけではなく、抒情《じょじょう》的に歌うところも、タッチの余りのような部分を利用して音を太らせたり伸ばしたりする。しかるに、シングルアクションのピアノではこうしたテクニックは使えない。パワーを出すための重力奏法ではなくて、指先ですべてをコントロールするフィンガーテクニックが求められる。

二〇一八年のピリオド楽器のコンクールでは、木製のポールと竹製のポールが混在していたということもできよう。オランダの楽器商のエドウィン・ベウンクが提供したのは、一八三七年製エラールと一八四二年製プレイエル。前者はリストが愛したマークで、高速連打が可能なダブルアクション。後者はショパンが愛したマークで、指がストンと落ちるシングルアクション。エラールのほうがよりコントロールが容易なので、ショパンは「元気なときはプレイエルを、疲れているときはエラールを弾く」と言っていた。

主催のＮＩＦＣからは、一八四三年製ブロードウッド。ベートーヴェンが『ハンマークラヴィーア』を書くきっかけとなったマークだ。こちらもシングルアクション。

以上の三台は、ペダルが二本しかついていない他は、少なくとも外見上は現在のピアノとさほど変わらない。いっぽう、ショパンが故国を離れるまで所有していた楽器で、『協奏曲第二番』を初演したと伝えられるブッフホルツ（一八二五～一八二六年ごろ。二〇一七年にピリオド楽器のコンクールのために複製された）、ウィーン演奏旅行のときに接したグラーフ（一八一九年ごろ。二〇〇七年複製）はずっと小型で、ペダルが四本もついている。

グラスファイバーのポールで練習してきた人が、いきなり竹や木のポールで跳んだらきっと起きるようなことが、ピリオド楽器のためのコンクールでも起きていた。

一般的にフォルテピアノ（一八世紀から一九世紀中ごろの様式のピアノ）では、重さをかけすぎると楽器が悲鳴を上げてしまうので、力のセーヴや音量のコントロールが必須となる。ピリオド楽器のコンクールでは演奏曲目によって楽器を替えることが許されたので、かえって複雑になるケースも見られた。

ブッフホルツで見事な『練習曲作品一〇－一〇』を聴かせてくれたルーマニアのコンテスタントが、シングルアクションのブロードウッドで『バラード第二番』を弾いた途端、コントロールを欠いて粗い演奏になったり、エラールを見事にコントロールして弾き進んだアメリカのコンテスタントが、なぜか『練習曲作品一〇－五〝黒鍵〟』だけはシングルアクションのプレイエルで弾き、キレが悪くなってしまったり。

古い楽器にはピッチの低い古典調律が使われるのが普通だが、さまざまな弾き手を考慮して調律はモダン仕様。どの楽器もよく調整されていたが、どうしても弾いているそばから狂ってくる。演奏はほぼ名前のアルファベット順だが、同じ楽器を選定したコンテスタントが並ぶように工夫して、出し入れの煩雑さを緩和させている。いきおい、その楽器を最初に弾く人はどうしても鳴りが悪く、あとで弾く人は音が狂ってくるという難点がある。

ピリオド楽器、それぞれの個性

筆者も第一次予選終了後に五台の楽器を試弾する機会を与えられたが、よくぞこれでショパンの『練習曲』や『バラード』『スケルツォ』が弾ける、と出場者たちを尊敬してしまった。そのぐらいコントロールが難しい。しかも、一台一台まったく個性が異なる。タッチの深さ浅さ、スピード、かける重さもそれぞれに切り換えなければならない。

エラールは、一般的に現代のピアノに近いと言われるが、コンクールのために選定された楽器は私には弾きにくかった。鍵盤に抵抗感があり、すぐには発音しない感じだ。エラールを使用した『バラード』や『舟歌』の演奏に妙に力んでいる印象があったのはそのためかもしれない。

逆に、ショパンが「元気なときに弾く」と言ったプレイエルは、一般的に発音に時間がかかるイメージがあるが、コツをつかむと音がひとりでに連なる感じが心地良かった。プレイエルで弾いた『バラード第四番』に好演が多かったのもうなずける。

連打しにくいのはブロードウッド。聴いた印象では鍵盤が重いのかと思っていたのだが、実際にはとても軽く、でも半分まで押し下げても音が鳴らない。リピート音の多い楽曲では苦戦が予想された。しかし、中音域の深々とした音色に特徴があり、バスもよく鳴るので、ドビュッシーが魅力的に響いた。

グラーフもシングルアクションだが、解説してくれた調律師さんによれば鍵盤が浅くて軽いので、うまく使えば連打でもリピートが効くらしい。

現代のピアノには音を弱くするソフトペダル、長く伸ばすラウドペダル、特定の音を保持するミドルペダル（ソステヌート・ペダルとも呼ばれる）の三本がついている。ミドルペダルは一八四四年にボワスロによって発明され、一八七四年にスタインウェイが完成させた。しかし、私の学生時代（一九七〇年代）ですらピアノのペダルは二本が普通だった記憶がある。

ピリオド楽器のコンクールで使われた楽器のうち、エラール、プレイエル、ブロードウッドの三台にはミドルペダルがなく、左右二本のペダルしかついていない。逆にブッフホルツとグラーフにはラウド、ソフトの間に二本のペダルがついている。これはモデレート・ペダル（モデレーター）と言って、踏むとフェルトが弦の上に降りてきて、ハンマーが直接当たらないのでちょっと鼻づまりのような不思議な音になる。鍵盤の高音部分と低音部分で役割を分けているとのこと。

私は、ブッフホルツの四本ペダルに魅せられてしまった。音量こそ小さいが、とても華やかな音がする。素敵なのは、左の二本（つまり、ソフトと低音部分のモデレート）を同時に踏んだとき。ちょうどモダンでソフトを半分踏むような銀灰色の音が出る。チェンバロでレジスターを変えるように、ペダルの組み合わせ次第でさまざまな効果を出すことができる。かつてない感覚で興味は尽きなかった。

モダン楽器のショパン・コンクールは五年に一度の間隔で一〇月に開催されるが、ピリオド楽器のコンクールはそれよりひと月早い九月四日から第一次予選が始まった。審査員長はＮＩＦＣ所長のシュクレネル。彼を含めてピリオドの専門家が五名、モダンの専門家が六名の構成となるが、そのうち五名はモダンのショパン・コンクールの常連審査員でもある。ここで審査の傾向がなんとなく予測される。

三日間のラウンドのあと結果が発表され、第二次予選は八日から一〇日まで。モダンのコンクールでは、第三次予選でようやく一〇名のファイナリスト（二〇二一年は一二名）が選出されるが、ピリオドは第二次予選で六名の本選出場者が決まる。

予選はモダンの予備審査と同じく国立ワルシャワ・フィルハーモニー内の室内楽ホールで行われるのだが、どの楽器もとても音量が小さいので、最初のうちは耳が慣れず違和感があった。

モダンのコンクールでは、課題曲はショパンのピアノ曲に限られる。ピリオドのコンクールも第二次予選以降は同様だが、第一次予選ではバッハの平均律、ショパンの初期のポロネーズ、ポーランドの作曲家のポロネーズ、ショパンの練習曲一曲とバラード、舟歌などの作品が課せられる。

この第一次予選が一番楽しかった。日本人オブザーバーに好評だったのは、四本ペダルを持つグラーフとブッフホルツ。バッハやショパンの若い時代のポロネーズをこれらの楽器で弾くコンテスタントが多く、たとえばフーガのテーマではモデレートを踏み、声部が重なってくる部分と分ける、くり返し部分で色合いを変えるなど、多彩な表現を楽しんだ。

ブッフホルツを弾いたある日本人コンテスタントは、ペダルがあまりに軽く、少しでも体重をかけるとすぐに効いてしまうので、身体《からだ》全体が浮いたようになり、自在な表現の妨げになったと言っていた（聴いているほうはそんな印象はなかったが）。

グラーフを弾いた別の日本人コンテスタントによれば、留学先で体験していたモデレート・ペダルは真ん中の二本の機能がさらに分かれており、片方はフェルトの上に紙が載っていて、弾くとカサカサ音がするという。しかし、ワルシャワのモデルにはその効果がなく、勝手が違ったとのこと。

もう一人の日本人コンテスタントは、バッハでブッフホルツを使い、美しいレガートと流麗なスタイルで客席を魅了したが、そもそもモデレート・ペダルの経験がなかったらしい。

ところで、第一次予選の二日めの最後にモデレート・ペダルを駆使して多彩な音色の変化をつけ、盛んな拍手を受けたポーランドのクシシュトフ・クションジェク（二〇一五年のコンクールのセミファイナリスト）は、ブッフホルツを複製後、お披露目演奏会で何度も演奏しているとのこと。彼に限らず、参加承認者三〇名中の半数を占めるポーランド人コンテスタントの多くは、楽器の扱いに慣れているという印象を持った。

ショパン国立音楽大学のピアノ科では、モダンとともにチェンバロかフォルテピアノの履修を義務づけているという。それはすばらしいことで、ピリオド楽器によるコンクールを開催する原動力にもなっているのだろう。

問われる審査員のコンセプト

第二次予選は九月一〇日に終わり、六名の本選出場者が発表された。日本の川口成彦、『アンダンテ・スピアナートと華麗なる大ポロネーズ』での鍵盤剝がれ事件にもめげず合格したド・グロレ、ロシアのドミトリー・アブローギン。

ポーランドからはトマシュ・リッテル。モスクワ音楽院でミハイル・ヴォスクレセンスキーに師事し、マリア・ウスペンスカヤにチェンバロを、ピリオド楽器の審査員でもあるアレクセイ・リュビモフにフォルテピアノを師事し、モダンの国際コンクールでも優勝しているオールラウンダー。他にクションジェク、アレクサンドラ・シフィグット。

落選が惜しまれたのは、ポーランド期待のカミール・パホレッツ。二次予選で演奏した『ソナタ第三番』のフィナーレまではすばらしい演奏だったが、最後の最後になって暗譜

（譜面を見ないで弾くこと）のミスが出た。

　楽器こそ違え、ピリオドもモダンも同じホールで開催されるので、ポーランドの若手にとっては二〇二〇年のコンクールの予行演習という声も聞かれた。

　本選は九月一二〜一三日、フィルハーモニーの大ホールで行われた。モダンと同じく協奏曲だが、共演はワルシャワ・フィルではなく、一八世紀オーケストラ。協奏曲は二曲しか選択肢がないが、モダンでは圧倒的に一番が多く、ピリオド楽器では六名中五人が二番だった。この対比は面白い。

　第一位はポーランドのリッテル、第二位は同率で日本の川口成彦とポーランドのシフィグット、第三位もやはりポーランドのクションジェクで、あわせてマズルカ賞も獲得した。優勝したリッテルは二度の予選、本選ともに傷があったが、古楽のスタイルにも精通し、ピリオド楽器を活《い》かすしなやかな奏法と、聴くものの胸に迫るピュアな音楽性で他を圧倒した。対して第二位のシフィグットやファイナリストのド・グロレは、どちらかというとモダン寄りの奏者である。

　二〇一八年のコンクールは、単にピリオド楽器でショパンを演奏するだけなのか、古楽器のスタイルをショパン演奏に持ちこむのか、最後までコンセプトがはっきりしないところがあった。

一八一〇年に生まれたショパンは、時代的には一九世紀ロマン派世代だったが、マインド的には一八世紀を向いていた。J・S・バッハを創作のよりどころにし、分散和音を保持する「スティル・ブリゼ」など、バロックを思わせる書法が少なくない。

ノクターンなどの旋律を飾る装飾法は、イタリアンバロックのベルカント唱法から生み出されたもので、ショパンは弟子の資質や技術に応じて、ふさわしいヴァリアント（異稿）を書きこんでいる（エキエル版やペータース新版にはその一部が補遺として記されている）。弟子たちの証言によれば、自身もその場の感興に応じて適宜装飾を変えて弾いていたという。

ピリオド楽器のコンクールでは、そんな時代考証をふまえて、モダン楽器ではまず見られない珍しいスタイルが続出した。演奏前にアルペッジョやスケールなど即興的なパッセージを奏で、それからプログラムを弾くのはプレリューディング。楽器を試し、聴衆を鎮めるために一九二〇年代くらいまでは盛んに行われており、ヴィルヘルム・バックハウスのライヴ録音で聴いたことがある。

曲と曲の間を、やはり即興的な走句でつなぐのはアインガング。装飾音も、モダンの先生なら、楽譜に書かれたとおり弾くように指導するだろうが、バロックのコンクールでは、逆に装飾の創意工夫が審査対象になる。

しかるに、モダン出身の奏者には、せっかくエラールやプレイエルで弾いているのに、スタインウェイやヤマハと変わりない奏法やアプローチで弾ききるケースも見られ、楽器提供者のエドウィン・ベウンクが袖でハラハラしていた。いっぽう、フォルテピアノ奏者の中には、楽器に配慮しすぎてスケールが小さくなってしまう傾向もあったようだ。

先に指摘したように、審査員の半数以上がモダン側のこともあり、装飾の即興やバロック風のルバートを取り入れることを躊躇《ちゆうちよ》したコンテスタントもいたと聞く。

そういう意味でも、もう少し審査基準がはっきりしていると良かったかなと思う。

第一次予選が始まったとき、我々はずいぶん新鮮な印象を受けたものだ。ルーマニアのヴィソヴァンはブッフホルツでバッハのみならずショパンの『練習曲作品一〇－一〇』まで見事に弾き、当時の繊細でエレガントなスタイルを蘇らせた。

ロシアのアブローギンやフランスのダンフレイは、曲の最初に自在なプレリューディングを加えて弾いていた。日本の川口は、ポロネーズの旋律を自在な装飾でふちどったし、ポーランドのリッテルは、『練習曲作品二五－五』の最後の嬰《えい》ト音から『バラード第四番』のイントロのト音までを、実に魅力的なアインガングでつないでみせた。

しかし、こうした傾向は二次予選以降は影をひそめる。ヴィソヴァンはマズルカ、ポロネーズ、ソナタをプレイエルで通し、やや単調になった。川口は、葬送行進曲のカンティレーナにわずかに装飾を加えるにとどめた。もっとも大胆な変奏をするダンフレイや中国のスーイン・チンは、そもそも第二次予選に進出できなかった。

こうした審査傾向は、コンテスタントたちにも少なからず影響をもたらしたようだ。二回の予選で斬新なスタイルを示したアブローギンは、協奏曲では人が変わったようにおとなしくなり、プレイエルの鈴のような音色は、しばしば一八世紀オーケストラの陰に隠れた。ロン＝ティボー国際コンクールで五位に入賞しているド・グロレはエラールを選択し、持ち前の推進力で押しきったが、オーケストラとのバランスにやや違和感が残った。

そうした意味で、プレイエルを乗りこなし、スコアを熟知し、一八世紀オーケストラを制御した川口の演奏は完成度が高く、本選初日では一番の喝采を博した。

新たな道

本選二日目の午前中に、フランスの審査員クレール・シュヴァリエにインタビューする機会があった。

ブリュッセル音楽院で教鞭《きょうべん》をとり、インマゼールとラヴェルの『左手のためのピアノ協奏曲』も録音している彼女は、エラールはじめピリオド楽器のコレクションで知られる。ショパンも弾くがリストのほうが多く、楽器に対する知識という意味で審査員に呼ばれたのだろうと言っていた。

審査員の打診があったのは一年半ほど前で、ポジティヴに受けとめたという。どうしても狭い領域にとどまりがちな古楽器が、ワルシャワのショパン・コンクールというメジャーな場で紹介されることによる広がりを期待する気持ちもあったようだ。

とはいえ、まったく立脚点の違う審査員の集まりなので、プレリューディングや即興的な装飾法については「認める」方向で申し合わせがなされたという（この表現に、モダン主導というニュアンスがこめられているように思った）。

フォルテピアノ専門のコンテスタントの中には、モダンの審査員の耳を考慮して装飾法を最小限にとどめた人もいるという話をしたら、それは賢明だったとも言っていた。

一次、二次予選は室内楽ホールで行われたが、本選は大ホール。一八世紀オーケストラはフラウト・トラヴェルソなど当時の楽器を使い、ヴァイオリンもノン・ヴィブラートだったが、それでもピアノとのバランスが気になるところは多々あった。ソロパートが終わると、それまで抑えていたオケがここぞとばかりに音量を増やすケースも目立った。

やはり審査員のリュビモフは、大ホールはピリオド楽器には大きすぎるという感想を持ったようだが、シュヴァリエは、室内楽ホールでは楽器の響きが制限されてしまうが、大ホールでは広がりの中で聴くことができ、新たな可能性を感じて嬉《うれ》しかったと言っていた。

コンクールに使われた楽器については、エラールよりプレイエルのほうが状態が良いと感じたようだ。また、ブロードウッドは大変コントロールの難しい楽器で『バラード第二番』を弾いたコンテスタントの苦労はよくわかるとも言っていた（このあたり、モダンの審査員には実感がわかなかったかもしれない）。

彼女は自分で調律もするので、チューニングについても聞いてみたところ、楽器が狂ってきていることは弾き手が一番わかる、調律師はそれを察しなければいけない、と言っていた。協奏曲は一八世紀オーケストラとの関係で四三〇ヘルツに統一されていたが、本当は四四〇のほうが楽器は鳴るとのこと（このことは、調律師も言っていた）。

私がインタビューした時点では最終結果は出ていなかったわけだが、ファイナリストがポーランド人だけにならなくて良かったという言い方から、審査員席の雰囲気が伝わってきた（二〇二一年のモダンのコンクールのときには逆に、ポーランド人が入賞して良かったという感想をある審査員から聞いた）。

これまでモダン楽器のレパートリーだったショパンをピリオド楽器で演奏する意義について、シュヴァリエはこんなことを言っていた。

「ピアノ教育には伝統があり、流派や師匠の影響が強く反映される。ピリオド楽器によるショパン演奏にはその伝統がないため、弾き手一人一人が楽器とのコンタクトを通して新たな道を発見し、オリジナルな解釈を展開していくことができる」

流派や師匠に影響されることなく、弾き手の一人一人が新たな道を発見し、オリジナルな解釈を展開する……。この姿勢が、二〇二一年のモダン楽器でのショパン・コンクールにも引きつがれたのだ。

二　二人のサムライ

——反田恭平と川口成彦の「傾向と対策」

装飾法について

「このようなパッセージは速度を落とさずに、そのパッセージの終わりに向けてむしろ*accelerando*に弾くべきなのだ。*rallentando*ではもったいぶった感じが出て、何か特別な観念が独立してそこにあるのだという意味になりかねない。これはフレーズのほんの一部なのだから楽想に溶けこんで、ちょうど小川のせせらぎが大河に出会うように消え去るのが本当なのだ。あるいはこれを挿入句と考えて、あまり細部に留まるよりも、すばやく弾いてしまうほうがより印象的である。（中略）

ショパンはアラベスクや挿入句をこんなふうに理解していたために、時代の流行と照らすと異質な存在であった。このような部分では、イタリア楽派のアリアのカデンツァのように、その部分に留まりながら、その重要性を強調するのが当時の流行だったのであるが」

（クレチヌスキ『弟子から見たショパン』）

モダンの常識はピリオドの非常識

ピリオド楽器とモダンのショパン・コンクール。ともにそれぞれの同率二位に輝いた川口成彦と反田恭平は、音楽歴も演奏スタイルも異なるが、いくつか共通点がある。

反田の場合は、長く伸ばした髪を後ろでちょんまげに結うヘアスタイル（その後は別の髪型になっている）で、海外メディアから「サムライ」と呼ばれているらしい。

森岡葉によるインタビューによれば、「これは僕の作戦成功で、やっぱり彼らにとって名前を呼ぶのもけっこう難しいことですし、要は外見で、あのサムライみたいな子、誰だっけ？　というふうに言ってもらえたら僕の勝ちなんですよね」とのこと。

川口のことを「サムライ」と呼んだのは、ピリオド楽器とモダン両方の審査員をつとめたダン・タイ・ソンだ。古楽に造詣が深く、理論的にも優れ、演奏経験も豊富で、どんな楽器にあたってもたちどころに対処できるスキルをそなえている。背筋をピシッと伸ばし、高い集中力と裂帛《れっぱく》の気合いで古武士のたたずまいがある。

モダンピアノとはメカニズムが異なる楽器を弾きこなすのは並大抵のことではないが、

ショパンの場合、ここに演奏スタイルの問題がかかわってくる。

ショパンはシューマンやリストと同世代の一九世紀ロマン派の作曲家だが、書法も精神もむしろ一八世紀の要素が強いことが、最近の研究で明らかになっている。たとえば、装飾音は、ロマン派の時代には拍の前に出したが、ショパンはわざわざ楽譜に点線を引いて拍の頭にそろえてほしいと指示している。リストなら「ぱららん」の「らん」に合わせるところ、ショパンは「ぱ」に合わせるのだ。左右のタイミングも、リストならメロディの伸び縮みに合わせて左手も伸び縮みさせるところ、ショパンの場合は伸びたり縮んだりするのはメロディだけなのだ。つまり、左右はずれずれになる。いっぽう、「楽譜に忠実」派のモダン楽器の教師たちは「左右がずれること」を極端に嫌う人が多い。

ピリオド楽器のコンクールで川口が直面したのも、「楽譜に忠実」の壁だった。川口がコンクールを受ける年の夏、『音楽で生きていく！』（アルテスパブリッシング）の企画でメール・インタビューの機会があった。ちょうどワルシャワで出場者のための公開マスタークラスが開かれているころで、リアルタイムで話を聞くことができた。

ピリオド楽器のショパン・コンクールの募集要項が発表されたのは二〇一七年。その年

反田恭平
©Fryderyk Chopin Institute

川口成彦
©Shin Matsumoto

の夏と翌年夏に、審査員によるマスタークラスが開講された。川口によれば、実際にコンクールに参加したピアニストの半数ぐらいは受講していたという。

　講師はピリオド楽器側とモダン楽器側に分かれており、川口はアレクセイ・リュビモフ、アンドレアス・シュタイアーなどピリオド側の先生に習ったが、モダン側であるニコライ・デミジェンコのレッスンを聴講して衝撃を受けた。コンクール後に行った対談でのやりとりを『音楽で生きていく！』から再録してみよう。

川口　たとえば《舟歌》はショパン晩年の作品、すごくポリフォニックなんですけども、デミジェンコさんは、そういう音楽の流れがあるとしても、左手と右手は絶対にずらすなという助言だったんです。

青柳　それってモダン楽器の常識なんですよね。川口さんがフォルテピアノを専攻なさっていなければ、衝撃は受けなかった……。

川口　そうですね。だけどまず多声音楽で、音が出るタイミングがぴったり一致するっていうのは、不自然じゃないですか。とくにそこに歌詞があったりしても、出るタイミングが違うわけで。とくにショパンはヨハン・ゼバスティアン・バッハをひじょうに敬愛していましたし、彼が生きたのは、ちょっとさかのぼればすぐそこにバッハがいた時代ですから、ポリフォニーにおいてピタッと同時に音が出るというのは、ちょっと不自然に感じます。

青柳　基本的なことですが、そういう考え方はいつごろからもたれましたか？

川口　古楽をやるようになってからですね。

青柳　中学生のころにバッハを聴いていらっしゃるころには、上下そろえて弾きなさいとか、粒をそろえて弾きなさいと言われましたよね。
川口　はい。フーガのすべての線も打ち込み音源のようにピタッと合うものと……。
青柳　テーマだけを強く。
川口　そう、音量でテーマを提示する。だから、タイミングを自由に操るっていう考え方は、古楽器の前提からです。それとルバートですね。ショパンが言っていたように、左手は指揮者のように厳格なテンポを守るべきだと思いますけれども、デミジェンコ先生の指導は右手のルバートさえも狭《せば》めてしまうようなもので……。ひとつの美的感覚としては共感する部分もあるんですけど、それがショパンの様式かどうかという話になったときに、楽譜どおりの数値というか音の長さが均等っていうのは、当時の様式感とは合わないというか。
青柳　美意識というよりは、とにかくそう教えこまれたということが大きいですね。
川口　だからそのレッスンで僕はちょっと危機感をいだいた。このコンクールがほんとうにオーセンティックなショパンを求めているのだろうかと。

装飾法についても川口は悩んだ。くり返しがある場合、装飾音を変えるのが当時の演奏習慣で、弟子たちの証言からショパンも変えて弾いていたことがわかっている。しかし、「楽譜に忠実」派は一字一句変えずに弾くことを求めている。募集要項にはそのことが明記されていなかったので、「装飾の変化が、このコンクールでは減点対象になるのか」ということが気になった。たとえば国際バッハ・コンクールでは、演奏者による即興的な装飾は推奨するとアプリケーションに書かれているので、コンテスタントは不安をいだかずに入れることができる。むしろ、装飾の創意工夫次第で評価が分かれるので是非入れないといけない。

川口　［だから僕は］古楽系の人に伝えたんですよ。バッハ・コンクールを見習って、装飾音にかんしてみなさんで議論すべきだと思いますって。リュビモフさんもそのとおりだとおっしゃいました。審査員もそこで認識が一致してなかったので。

青柳　いつ議論したのですか？

川口　2018年8月、コンクール直前ですね。

青柳　リュビモフさんやコッホさんにとっては、装飾を即興するのは当たり前だから、しちゃいけないという人がいるとは思ってもみなかった。それですごくびっくりした。
川口　そうですね、だからＤＶＤ審査の後だったかな、装飾について審査員のあいだで意見統一をしたほうが、コンクールとして信頼されると思います、みたいな感じで――。
青柳　川口さんから？
（中略）
川口　参加者は人生かけてるわけですから。あいまいな審査はされたくなかったので。
（同前）

出場者のほうからコンクール事務局に意見をする。従来ならありえなかったことだ。にらまれたら何かと損、とか、ことを荒だてないほうがよいとか、「長いものに巻かれろ」式が普通だろう。とりわけ川口のように、コンクールそのものの在り方を問うようなマニフェストをコンテスタント自身が発するのは、前代未聞だったのではないだろうか。

「傾向と対策」

『音楽で生きていく！』のインタビューで面白かったのは、コンクールに向けての「傾向と対策」についての話だった。

川口成彦は一九八九年生まれ。進学校として知られる神奈川の聖光《せいこう》学院中学・高校を経て東京藝術大学の楽理科、同大学院とアムステルダム音楽院の古楽科修士課程に学び、フォルテピアノを小倉貴久子《きくこ》とリチャード・エガーに師事した。

きびしい中学受験を経ているので、「コンクールもいってみれば試験なんですよ」と公言する。「受験ってみんな過去問を解くわけじゃないですか。あれっていちばん良い方法なんですよ。ある試験を突破する方法という意味で。傾向を知る」

その「傾向と対策」を、川口は二〇一七年、ピリオド楽器のためのショパン・コンクールの募集要項が発表されるタイミングで始めた。

いっぽう、長い歴史を誇り、五年に一度の開催が決まっているモダン楽器のコンクールでは、「傾向と対策」はもっと早く始めることができる。本場のショパン解釈を知るためにワルシャワやビドゴシチの音楽院に留学し、審査員に師事する。あるいはポーランドに留学しなくても、世界各地で審査員による公開マスタークラスは開かれている。前哨戦《ぜんしょうせん》と言われる小さなショパン・コンクールも開催されているので、師事していない審査員にも顔を売っておく、等々。

反田恭平は、ショパン・コンクールで成功するために六年かけて徹底した「傾向と対策」を練った。

川口の五歳下の一九九四年生まれ。桐朋《とうほう》学園の桐朋女子高校音楽科（男女共学）三年のとき、日本音楽コンクールで優勝。国内でもっともチケットの取りにくいピアニストとして知られ、二〇一六年のデビュー・リサイタルではサントリーホールの大ホールを満員にした。個人事務所や個人レーベルを持ち、オーケストラを経営するなど、社長ピアニストでもある。

大学入学の年にミハイル・ヴォスクレセンスキーの推薦でモスクワ音楽院に留学し、一年間の予備科を経て歴代最高の成績で本学科に入学するも、二年半で中退。ショパン・コンクールにターゲットを絞り、二〇一七年からは多忙な活動の合間を縫ってワルシャワのショパン音楽大学に通い、ピオトル・パレチニのもとで学んでいる。

一九四六年生まれのパレチニはエキエル門下で、一九七〇年のショパン・コンクール第三位。門下生としては二〇〇五年に山本貴志が第四位に入賞している。反田はこのとき小学生だったが、NHKのドキュメンタリー番組を見てコンクールの存在を知ったらしい。

パレチニは反田を「音楽上のパートナー」として慈しみ、四年間親身になって指導した。モスクワに留学したこともあってロシア音楽が得意だった反田は、初めてパレチニのレッスンを受けたときは「ショパンのいろは」も知らなかったという。『ピアノ協奏曲第一番』を弾いたところ、「君、これがショパンだと思うのかね」と言われた。「物語をつくり上げる」というのがパレチニのモットーで、ポーランド語が話せなくても、「日本語でもいいから曲に歌詞をつけて言葉を乗せて弾いてごらん」とアドバイスしてくれた。

反田の次なる「傾向と対策」は肉体改造だ。ピリオド楽器の場合は、あまりパワーがありすぎると楽器がコントロールできないが、モダン楽器はある程度の体格が必要になる。

モスクワ音楽院在学中、デニス・マツーエフの演奏でプロコフィエフの協奏曲を聴いた反田は、マリインスキー劇場（一七二五席）の四階席に座っていたのに、オーケストラを突き抜けて響きわたるピアノの音にショックを受けた。マツーエフは一九九八年のチャイコフスキー・コンクールの優勝者。本人に会ってみたところ二メートルはあろうかという巨軀《きょく》で、身長一七〇センチの反田は、三〇センチの差を埋めるためには鍛えるしかないと決心したという。

ジムに通ってトレーナーをつけ、背筋や腕の筋肉、インナーマッスルを鍛え、演奏中に体幹を支えるため脚の筋肉も鍛えた。その結果音質が硬くなったので、今度は一年かけて脂肪をつけた。

使用前、使用後の見本のような写真がある。二〇一五年、日本コロムビアでのメジャー・デビューをきっかけに『ショパン』の表紙を飾ったときは、細身・細面の爽やかな青年だ。しかし、ショパン・コンクールで第二位に入賞し、四位の小林愛実とともに同じ雑誌の表紙に出たときは、ふくよかな頰に髭《ひげ》を生やし、貫禄《かんろく》たっぷりの姿に変身している。

ショパンの鼓動を感じさせる演奏

反田の「傾向と対策」第三弾は「過去問調査」である。二〇一六年、つまり第一七回シヨパン・コンクールの翌年から開始したという。

まず選曲。二〇一〇年と二〇一五年の参加者について、予備予選からのすべてのプログラムを調べた。ラウンドごとに演奏曲と通過者を表にまとめて統計を取る。ついで、自分のツアーを利用してそこから自分に合う楽曲を選択していく。

二〇一七年は練習曲に特化し、作品一〇の練習曲全曲をリサイタルで一二回弾いた。ショパン・コンクールに挑戦するピアニストを描いたアニメ『ピアノの森』（反田は劇中の阿字野壮介《あじのそうすけ》のピアノ演奏を担当している）に感化され、『作品一〇-一二』から『一〇-一二』への連続演奏を試したものの、最難曲ゆえにリスキーだと判断し、『作品一〇-一』と『二五-一〇』に決定した。次の年はノクターンとマズルカを全曲勉強し、一部をステージに乗せてみた。翌一九年は『ソナタ第三番』を取り上げた。

「その19年の頃には、だいたい方向性は決めました。マズルカも作品56にしようと思ったし、ポロネーズも『英雄』と『アンダンテ・スピアナート』かなと思ったり、で、2020年に入るにあたって、コンクール事務局からラストの曲目変更ができるタイミングが来たんですね。そのときに、ソナタの3番だけ弾いていてもわからないので、2番もやっぱり弾こうと、2020年から2番に取り組み始めて、で、延期になってしまって、今年の8月に2番のソナタをたくさん弾きました。もう正直言えば、1次予選から3次予選のプログラムは、ほぼ弾きました。この8月で。9回くらいコンサートやったんですね。そのツアー中の最後に、最終曲目決定というタイミングが来て、ツアー中ではあったんですけれど、自分を信じて2番にしたんです」（森岡葉によるインタビュー）

予選ラウンドでは、調性にこだわったプログラミングでひと味違った演奏を披露した。第二次予選では『ワルツ第四番』『マズルカ風ロンド』『バラード第二番』とへ長調で通し、全音下の変ホ長調の『アンダンテ・スピアナートと華麗なる大ポロネーズ』で締めくくっていた。第三次予選では、『葬送ソナタ』の終楽章の変ロ短調から、パレチニに教えられたという変ホ長調の『ラルゴ』の冒頭の変ロ音につなぐ。穏やかな和音に精神性が感じられる。最後の変ホ音の響きの中で『英雄ポロネーズ』（変イ長調）をスタートさせた。なかでも『英雄ポロネーズ』は名演で、ツィメルマンやブーニン、ブレハッチなど過去の優勝者から賞賛のメールがきたという。

六年がかりで周到な準備をしても、プレッシャーはすさまじかったらしい（スポーツ選手のようなメンタル・トレーニングは、まだクラシック界には取り入れられていないのだろうか）。すでに人気ピアニストで自分の会社やレーベルを持ち、メディアにも露出している。失敗できないという思いもあったろう。

第一次予選ですでに逃げ出したくなり、師のパレチニに手紙を書いたものの出さなかった。第二次予選は思いどおりに弾けたが、第三次予選はまたプレッシャーにおそわれ、演奏後のインタビューでは涙を流し、「今まで応援してくださった皆さん、ありがとうございました」と、まるで終わったかのようなコメントをして周囲をびっくりさせた。演奏の出来からすれば、ファイナルに行けないとは誰も思わなかったからだ。

本選進出を確信していたパレチニからすぐに協奏曲の準備を始めるように言われ、我に返った。結果が出てみれば、「本選進出者の12人のなかで、自分がいちばんオーケストラを知っているという自負」（『音楽の友』、以下すべて二〇二一年一二月号）はあった。

自らオーケストラを組織する反田の真骨頂は、本選の協奏曲でもっとも発揮された。二〇一九年には、二〇二一年のコンクールと同じアンドレイ・ボレイコの指揮でショパンの一番を共演している。ワルシャワ・フィルの来日公演のソリストに選ばれたからだが、そのことがコンクールでは幸いした。

「実はファイナルのリハーサルが本当に短いんです」と反田は『サラサーテ』(以下、特記のない場合は二〇二一年一二月号増刊『第18回ショパン国際ピアノコンクール』)のインタビューで語っている。

「昨日の夜本番だった僕のリハーサルは午前中に45分間のみです。平等に正確に測られていて、時間が経《た》ったら途中でも終了です。一回通して、第3楽章の打ち合わせをちょっとして、もう本番でした」

そのとき、指揮者がオケに向かって二年前のツアーのときのソリストだと声をかけてくれたので一挙に親密な雰囲気になった。ファイナリストの中には、コンクールの場で初めてオーケストラと共演した人もいるので、大変なアドバンテージだ。

本選では、演奏順も幸いした。最初のカミール・パホレッツは二〇一八年ピリオド楽器のためのショパン・コンクールのセミファイナリスト。ポーランド人らしい端正なアプローチだが、やや線が細い。つづく中国のハオ・ラオは重量感はたっぷりだがまだ一七歳で、緊張のあまり指がふるえていた。そんな中、反田の第一楽章の第一主題は、言外にさまざまなふくみを持たせた巧みな歌いまわしで、客席にいた筆者はかつて経験したことのない空気の揺らぎを感じた。この時点で他を圧していたと思う。

これも「傾向と対策」の一環だった。自身も演奏しながら、経過を観察する。二次予選や三次予選も、個性が強くユニークな人たちが残っていた。裏を返せば「ショパニスト」が少ない。そこで本選では、「ポーランド人が求める『ナシャ・ポルスカ！（我らがポーランド！）』というショパンを演奏すべきだと信じて、第1楽章からドクドクというショパンの鼓動を感じさせる演奏をずっとキープしました」（同前）とのこと。

指揮者もめざす反田は、ソロを弾きながら各パートの奏者と音楽を通じて語りあい、雄弁な演奏に客席からスタンディング・オベーションが起きた。

セルフ・マネジメント

ピリオド楽器の川口成彦とモダンの反田恭平は、セルフ・マネジメントの点でも共通している。

第一線のアーティストはＫＡＪＩＭＯＴＯ、ジャパン・アーツなどの音楽事務所に所属し、活動全般を任せるのが普通だが、川口はどこにも所属していない。東京藝術大学で師事したフォルテピアノ奏者・小倉貴久子も同様なので、川口は、師の公演のたびに受付や楽屋まわりを手伝ってコンサートづくりの経験を積んできた。二〇一六年には、世界最高峰とされているブリュージュの古楽コンクールで第二位（最高位）に入賞したが、日本では知名度がないため、名刺をつくり、メディアへの宣伝活動も行った。

ワルシャワでの入賞後は、NHK－BS1で「ショパン・時の旅人たち　第一回国際ピリオド楽器コンクール」が放映されたこともあって人気が爆発し、各方面から出演依頼があいついだが、窓口は川口一人だ。モダン楽器の奏者ならホールにピアノが備えつけられているが、フォルテピアノ奏者の場合は、演奏曲目にふさわしい楽器を所有する業者から手配し、ホールとの連携もはからなければならない。プログラムの執筆も頼まれることが多く、もちろん練習もしなければならない。

気が遠くなるような作業だが、川口はそれまでのノウハウを活かして錯綜するスケジュールを見事にさばき、セルフ・マネジメントをつづけている。

川口はまた、二〇一八年に「ＭＵＳＩＳ」という個人レーベルを立ち上げ、自分が本当に出したい演目でCDをリリースしている。第二弾「ゴヤの生きたスペインより（Road to Goya's era）」は名盤だ。

ひと昔前までは大手音楽事務所と大手レコード会社に所属するのが若手アーティストの目標だったと思うが、その図式を見事にくつがえしてみせた。

川口が個人で行っていることを反田は組織でやってみせる。

反田が世に出るきっかけをつくったのは、ヴィンテージ・ピアノを扱うタカギクラヴィアの高木裕社長である。反田の日本での活動の窓口となった高木は、ホロヴィッツ専用の一九一二年製ニューヨーク・スタインウェイで反田のファーストアルバムをリリースし、音楽事務所やレコード会社の要人に売りこむ。その結果、大手レーベル「日本コロムビア」からオファーがあり、反田はメジャー・デビューを果たすとともに、マネジメント部門を設立した「日本コロムビア」の所属アーティストとして三年間の契約を結ぶ。二〇一六年には、クラシックの殿堂として知られるサントリーホールでデビュー・リサイタルを開き、チケットは完売した。

願ってもない境遇だが、独立心旺盛な反田は契約を延長せず、二〇一八年には個人事務所「NEXUS」を設立。エリザベート・コンクールで第三位に入ったピアノの務川慧悟《むかわけいご》やミュンヘン国際コンクールで優勝したヴァイオリンの岡本誠司が所属している。個人レーベル「NOVA Record」を設立した二〇一九年からは、チケット販売で実績のあるイープラスとのエージェント契約を結んだ。さらに、実力はあるが演奏の機会に恵まれない若手奏者のために「ジャパン・ナショナル・オーケストラ」（旧・MLMナショナル管弦楽団）を立ち上げた。

もともと反田には、「自分の手で音楽学校をつくる」という夢があり、オーケストラ創設はその第一歩だったらしい。

月刊『文藝春秋』（二〇二二年三月号）の手記では設立の経緯が語られる。

「はじまりは、デビューから二年が経った二〇一八年。同級生や友人、先輩後輩を八人集め、ダブルカルテット（各パート二人ずつの弦楽四重奏）をプロデュースしました。翌年には、木管楽器とコントラバスを加え、倍の十六人でオーケストラに。最終的に『Japan National Orchestra』と名付け、昨年五月に株式会社化に漕ぎつけました」

国内にオーケストラは多いが、株式会社にした例は初めてだという。

株式会社の設立は、以前はまとまった資金や発起人が必要だったが、二〇〇六年の規制緩和で資本金一円からでも設立できるようになった。大株主はＤＭＧ森精機という工作機械メーカーで、ウェブ・サイトを見ると、同社の子会社として株式会社化したようだ。

反田は『ＡＥＲＡ』（二〇二一年一二月二〇日号）の記事で、「世界中に拠点をもつ大企業で、ドイツで演奏してほしいと依頼されたのがきっかけです」と話している。社長から「何かお礼として手伝えることはないですか」と聞かれ、オーケストラと学校をつくる夢を話したところ、「面白いね」と言われ、協力が得られることになった。

多彩な才能が集うショパン・コンクールだが、自分で事務所やオーケストラを経営するピアニストが参加するなど前代未聞だろう。文化庁や文部科学省も反田の動向を追い、コンクールから帰国後、日本のクラシック界について意見交換の場を設けたという。

メディア露出も多く、テレビ朝日『徹子の部屋』『題名のない音楽会』やＴＢＳ『情熱大陸』のような人気番組もさることながら、ＮＨＫ『時論公論』のような硬派な番組でも取り上げられ、国民的総合雑誌『文藝春秋』に寄稿し、『ＡＥＲＡ』の表紙を飾り、幻冬舎から『終止符のない人生』を出版するなど、クラシック界の若き牽引《けんいん》者として注目を集めている。

三　審査員をも屈伏させた天然ガルガルと哲学者ガジェヴ

ルバートについて

「ショパンがいつも注意していたのは、カミーユ・デュボワ夫人がいみじくも述べているように、左手の伴奏には正確なテンポを保ち、歌のほうはテンポを変えながら伸び伸びと弾きなさい、ということだった。これはけっして難しいことではない。どちらかが先になったり遅くなったりして両手が合わなくなっても、互いに補い合うことで全体をもとの状態に戻すのである」

（マチアス『弟子から見たショパン』）

ショパン・トーク

第一八回ショパン・コンクールのファイナル審査は紛糾した。本選が終了したのは一〇月二〇日の二一時四五分ごろ。発表予定は二三時半。フィルハーモニーのロビーではたくさんのジャーナリストが待機していたが、日付をまたいでもその気配はない。揉めているらしい、との情報も入ってきた。

上のフロアでは「ショパン・トーク」をやっている、との声があったので行ってみた。プレス・スペースに一二人のファイナリストたちがずらりと並んで座っている。左端からブルース・リウ、ハオ・ラオ、クシュリック、パホレッツ、ガルシア・ガルシア、エヴァ・ゲヴォルギアン、イ・ヒョク、反田、小林、アルメリーニ、ガジェヴ、JJ・ブイ。右端に、パーソナリティのアレッサンドロ・トマジとレイチェル・ナオミ・クドウ（二〇〇五年のファイナリストで現在はファッツィオリ創業者の子息ルカの夫人）。

アレッサンドロとレイチェルの二人はコンクール期間中、休憩時にコンテスタントたちや関係者のインタビューを行っていた。過去の入賞者たちへのインタビューもあり、ファイナルのあとは二〇一五年の優勝者、チョ・ソンジンや四位のエリック・ルー、五位のイーケ・トニー・ヤンの豪華トリオも出演していた。聴衆代表のアレッサンドロが肩の凝らない質問をし、専門家のレイチェルがフォローするよいコンビだ。

結果が気になるに違いないのだが、ファイナリストたちはにこやかに談笑している（アルメリーニはときおり時計に目をやる）。最初のうちは型どおりコンクールの感想などを述べていたが、ピアノを離れてリラックスする方法は？との質問にＪＪ・ブイとパホレッツがマッサージと答える。出番が終わったパホレッツはその日もマッサージに行ったらしく、コンクール期間中唯一のリラックスタイムだったと笑いを取る。

終わったら何をしたい？の質問には、ブルースが早くゴーカートを走らせたいと言い、同じ趣味を持つガルシア・ガルシアが「ボクも！」と手を上げる。反田は小学校五年生までサッカー少年で、才能があったら選手になりたかったと表明すると、ガジェヴが自分もサッカーをやっていたから、みんなでサッカーのチームをつくろう！と提案する。話をふられたクシュリックは、自分はあらゆるスポーツを憎んでいると答えてふたたび大笑い。

ブルースは英語があまりよく話せないハオ・ラオの通訳をつとめる。まだ一七歳のハオ

左からブルース・リウ、ハオ・ラオ、クシュリック、パホレッツ、ガルシア・ガルシア、エヴァ・ゲヴォルギアン、イ・ヒョク、反田、小林、アルメリーニ。著者撮影。

はいつも先生のヴィヴィアン・リー（本名は李穂栄。『風と共に去りぬ』の女優に憧れて同じ名前をつけたらしい）と一緒なので感想を聞かれると、練習から食事から、母親のように世話をしてもらっているとのこと。

一七歳トリオ（JJ・ブイ、エヴァ・ゲヴォルギアン、ハオ・ラオ）のうち、JJ・ブイの先生は審査員のダン・タイ・ソン。期間中、つきっきりでレッスンしていたらしい。エヴァはモスクワ音楽院付属中央音楽学校でナタリア・トゥルーリに師事。一九八六年のチャイコフスキー・コンクールの第二位（優勝はバリー・ダグラス）で、ジュニアの指導にも力を入れている。トゥルーリもコンクール期間中にモスクワとワルシャワを三往復してエヴァのレッスンをしていたという。

二〇一〇年に一八歳で出場し、セミファイナルまで進んだアルメリーニは、一七歳トリオをまぶしげに見つめる。

このときは一二人がそろっていたが、午前二時すぎに結果が発表されると明暗が分かれる。二位と四位がそれぞれ同率だったため、入賞者八名は「ショパン・トーク」と同じ場所に並ぶ。いっぽう選からもれた四人は、観客席にあたる場所でその模様を見守らなければならない。ハオ・ラオは先生、エヴァは母親の肩にもたれて泣きじゃくっていたという。

歌うガルシア・ガルシア

入賞者の数が多くなったのは、ファイナリストたちが個性派ぞろいで、それぞれの方向性がまったく異なり、票が分かれたためだろう。一九八五年から審査員長をつとめたエキエルは二〇一四年に百歳で亡くなり、エキエルの勇退によって二〇〇〇年から跡を継いだヤシンスキも二〇一〇年で審査員長、一五年で審査員を引退し、「ショパンかくあるべし」という確固たる信念を前面に出す存在がいなくなったことも影響しているかもしれない。

反田恭平と同率二位となったガジェヴは、二〇一五年浜松国際コンクールの優勝者。ファイナリストのイ・ヒョクは二〇一八年の同三位。ガジェヴは哲学的なスタイルで、「ショパンのダークサイドの曲」が好きとのこと。イ・ヒョクは対照的に天真爛漫《らんまん》な〝はじける魅力〟で勝負する。本選の『協奏曲第二番』は彼のエンターテイナーぶりを印象づけた。

なかでも「自由なコンクール」の象徴となったのは、第三位に入賞し、協奏曲賞も得たスペインのマルティン・ガルシア・ガルシアだろう。天井を向いてメロディを口ずさみ、圧倒的なテクニックを駆使しつつ、イタリア・オペラのようにピアノを歌わせる。

マルティン・ガルシア・ガルシア

©Fryderyk Chopin Institute

本大会に先だつ予備予選の期間中、ガルシア・ガルシアはクリーヴランド国際コンクールで優勝している。コロナ感染拡大のため一年延期され、二〇二一年七月八日から八月一一日にかけて開催されたが、ショパン・コンクールの予備予選も一年延期された上に四月から再延期されており、ガルシア・ガルシアがワルシャワで演奏したのは七月一三日。クリーヴランドの会期と重なっているが、こちらもコロナのため一次と二次は事前録画の動画審査だった。現地に赴くのはセミファイナル以降だったので調整がついたのだろう。

ここでショパン・コンクールの予選ラウンドの審査方法について説明しておこう。一七名の審査員は二五点満点で採点するが、決め手となるのは、この人の演奏を次のラウンドでも聴きたいと思いますか？という意味のYES&NOの数だ。YESをつけられる数にも上限があるので、レヴェルが拮抗《きっこう》していると難しい審査になる。審査員の一人、サー・チェンによれば「タイだった場合にスコアを見て決めるという方式」だったらしい。

ガルシア・ガルシアの第一次予選は当落ギリギリだった。『練習曲作品二五－四』はクリーヴランドでも弾いたもの。というか、この曲以外はプログラムがまったく異なっていたのだ。彼の演奏はカンタービレばかり注目されるが、実際にはバス進行がしっかりしている。スタッカートが主の練習曲でも、上声や内声に出てくるメロディをバスが支えている。全体を重視するあまり、ときおり不用意なミスタッチもある。

『ノクターン作品五五－二』は、取材したライターの高坂はる香が『ぶらあぼ』のインタビューで「夜に恋人の窓の下で歌うセレナーデのよう」と評した演奏。息の長いメロディがときに高らかに歌われ、ときに二重唱で嫋々《じょうじょう》と絡み合う。

『バラード第一番』も大きくテンポを揺らし、纏綿《てんめん》と歌い上げるロマンティックな演奏。弾いているガルシア・ガルシアの表情も見ものだ。第二主題のトップの変ロ音では上を向き、大きく口を開けた。コーダでは勢い余って最後の音を派手に外し、「楽譜に忠実」派のポーランド審査員たちは軒並み低い点をつけていた。一六人（サー・チェンは第一次予選を欠席）中NOが七人もいたから危ないところだった。第二次予選でも、ダン・タイ・ソンは彼に一五点、エヴァ・ポブウォツカは一七点でNOをつけている。

第二次予選は幸福感に満ちた『ワルツ三四－一』でスタート。ついでチャーミングな『バラード第三番』、ひらひら舞い踊るような『即興曲第三番』。

ガルシア・ガルシアの特徴のひとつに天然パーマの巻き毛がある。洗ったあとはカーリーだが、湿度が低いとストレートに近くなったりもするらしい。一次予選のときはくるくる髪も舞い踊っていたが、このラウンドはグリースでオールバックに撫《な》でつけ、白い光沢のあるシャツにチョッキ、蝶ネクタイのいでたちでバーテンダーのよう。

私は第二次予選から会場で聴いたのだが、『スケルツォ第二番』の演奏中に何やらハミングのような声が聞こえる。耳のせいかと思ったが、どうやら本人が歌っているらしい。

ガルシア・ガルシアの第三次予選は、コンクールというよりコンサート・イベントのようだった。プログラムが変わっている。まず、『二四の前奏曲』から三曲を弾く。二三番へ長調など、顔を上げて口を開け、まるで音符を食べる魚のようだ。『ソナタ第三番』もまるでイタリア・オペラのように弾く。実際に、一楽章のカンティレーナはベッリーニのオペラ『ノルマ』のアリア「カスタ・ディーヴァ」に想を得たと言われている。

『マズルカ作品五〇』を楽しそうに弾いたあと、さらに『前奏曲作品四五』、締めくくりは、聴いているほうまで踊り出したくなる「子猫のワルツ」こと『作品三四－三』。ここまで遊んで大丈夫かなぁと思っていたら、見事ファイナリストになった。

「ソナタとマズルカに加えて何を弾こうか考えたとき、意味のある選曲をしようと思うとむずかしかったです。そもそもソナタはそれだけでリサイタルの一部分が成り立つような作品ですから」とガルシア・ガルシアは『ぶらあぼ』のインタビューで語る。

「それで『24のプレリュード』を見ていたとき、この作品で最初に雰囲気をつくるというのもおもしろいかなと。3つのスタイルを持つ小品を弾いている間に、聴いているみなさんの耳、そして僕自身を準備するという。

1曲目は僕の彼女［日本人とのこと］のお気に入りで、長いラインで歌う小品です。動きを持つ2曲目のプレリュードの前に弾く曲としてぴったりだと思いました。そして3曲目の雰囲気は、何かが起きそうだという余韻を残して終わります。そこからソナタ、そしてダンスであるマズルカやワルツ。良い余韻を残して終わりたいと思いました」

採点表を見るとかなり割れたようだ。これまで否定的だったエヴァ・ポブウォッカは一転して二二点のYES。しかし、他のポーランド審査員は相変わらず辛口で、ズィドロン、パレチニ、ヤノシュ・オレイニチャク、ヴォイチェフ・シフィタワがそろって二〇点でNO。彼の演奏をこよなく愛する海老彰子《えびあきこ》が二五点満点をつけなければ、本選に出ることすら難しかったかもしれない。

本選での『協奏曲第二番』は、予選までの鼻歌を封じ、最初のうちこそややおとなしい印象があったが、三楽章は独壇場《どくだんじょう》。出だしは軽やかに、スケルツォ主題では足でリズムを取りながら軽快に弾く。長い指を伸ばして細かいパッセージを弾くあたり、サンソン・フランソワ〔Samson François 1924-1970〕を思い出した。首を左右に傾けて楽しげに弾き進み、最後は難しいパッセージを見事なノンレガートで駆けのぼり、会場は沸きに沸いた。

審査員たちもついに屈伏させられ、ズィドロンはアーリンク明美のインタビューに答えて「みな彼の演奏を楽しんだ」「協奏曲の第二楽章では感動した」と語っている。

ガルシア・ガルシアのインタビューを読んでいると、あれっと思うことがある。たとえば鼻歌についてのこのくだり。

「歌っている理由についてはみなさん聞きますけど（笑）。僕が歌っているのは、ピアノをコントロールするためです。僕たちはピアノを扱って何かを表現しようとしているわけだけれど、ピアノで鳴らす音は、ある意味、全部フェイクです。

僕たちは、ピアノで歌い、リリカルな表現を生み出そうとしています。それに対して、ピアノはハンマーで弦を叩いて音を鳴らす楽器です。ハンマーでリリカルな歌声を生み出すことは、本来、論理的には不可能です。それでも、本物の歌、ベルカントを表現しようとしているのです。

それでピアノのそばにいて心地が良いと、自然と歌ってしまう……なぜかはわからないけれど、自分ではコントロールできないことがほとんどです（笑）」（『ＯＮＴＯＭＯ』）

弾きながら歌うのは、本来打楽器であるピアノをコントロールするためだが、ピアノを弾いて思わず知らず歌ってしまうことはコントロールできない？？？

周囲から「ユニーク」とか「オリジナル」と言われることが多いガルシア・ガルシアだが、自分ではまったく意識していないし、ましてや恣意的にそうしているのではないらしい。

「ショパンのスタイルについて、僕の理解は、もしかすると音楽学者の方の意見からは少し離れているかもしれません。でも実際、ショパン自身の演奏を聴くことはできないのですから、正しいスタイルが何かは誰にもわからないはずです。とはいえ、楽譜や手紙、彼の音楽に影響を与えた作曲家たちについて知ることには意味があります」（『ぶらあぼ』）

ワルシャワには、ショパンが何度も即興演奏をした教会のオルガンもある。彼はエレガントで優しい弾き方をしたと言われるが、オルガンが大規模な楽器であることを考えると限界がある。ショパンらしい演奏にはいろいろな要素がありえる、とガルシア・ガルシアは言う。どう演奏されるべきかは作品ごとに考えなければならない。

「僕の音楽はオリジナルに聴こえるかもしれませんが、僕が見ているのはあくまでショパンであって、僕自身を見ているわけではありません。楽譜の外にある何かを生み出そうとしているわけでもありません。いつでも、ショパンが楽譜上の表記をなぜそこにつけたのかというようなことを考えています」（同前）

ガルシア・ガルシアは、好き勝手に弾いているように見えて意外に理詰めなのだ。熊本マリとのスペイン語対談では、モンポウの『静かな音楽』について語られる。パンデミック期間中に四巻もある楽譜を暗記したという。ハーモニーが特殊で覚えにくく、楽曲分析から始めた。「不協和音が多いので色々冒険できる」というところが面白い。

「死の先」を表現するガジェヴ

何を弾いても陽気になってしまうガルシア・ガルシアと対照的に、ガジェヴは何を弾いてもシリアスになってしまう。その二人が、ファイナルでつづけて同じ『協奏曲第二番』を弾いたことが、多様性がきわだつこのコンクールを象徴していた。

すでに国際的キャリアを積んでいるガジェヴだが、二〇二一年七月一日から一八日まで開催されたシドニー国際コンクールにもエントリーしていた。ガルシア・ガルシアが優勝したクリーヴランドと同じくコロナ感染拡大のため一年延期されており、ショパン・コンクールの予備予選と日程が一部重なっている。ガジェヴがワルシャワで弾いたのもガルシア・ガルシアと同じ七月一三日だったのだが、シドニーは完全にオンライン審査だったので問題なかった。

アレクサンダー・ガジェヴ
©Fryderyk Chopin Institute

ガジェヴは、ガルシア・ガルシアと違って第一次予選から高い評価を集めた。二五点満点が三名もおり、一八点でNOを出したのはケヴィン・ケナーだけ。しかし、第二次予選ではNOが四名も出るなど、票が割れた。なかでもケナーは一六点、アルトゥール・モレイラ＝リマは一二点（いくらなんでも一五点以下はないだろう）。いっぽうで、一次予選で二五点をつけた海老彰子は同じく満点、ネルソン・ゲルナーとディーナ・ヨッフェも二四点をつけるなど、好みが分かれたといえよう。

その第二次予選のプログラムについてガジェヴは「水」を意識したと語っている。冒頭に置かれた『前奏曲作品四五』が壮絶な美しさだった。最初の重音の連続から魔法のような音が会場に立ちこめ、別世界に持っていかれるよう。クライマックスの詠嘆調もぐっと刺さった。ここから、調性を意識して嬰ヘ長調の『舟歌』から嬰ヘ短調の『ポロネーズ』につなぐ。ついで『ワルツ作品四二』。曲が違うとはいえ、ガルシア・ガルシアがワルツを弾くと人生の楽しさが浮かんでくるが、ガジェヴが弾くとはかなさがにじみ出る。最後は「劇的に終えたかったので」『バラード第二番』。こちらも水にまつわる作品だ。

『舟歌』も『ポロネーズ嬰ヘ短調』も『バラード第二番』もテクニカルな部分でやや焦りが見えたので、このあたりが票が割れた原因だろうか。

第三次は、自ら「大好き」と語る『幻想ポロネーズ』で開始する。イントロだけでもたっぷりした音、かすかな音、艶やかな音と三種類の色があった。光と影が交錯する『マズルカ作品五六』。ときに残酷な表現も見られる。そして『ソナタ第二番』。堂々たる第一楽章。上声と内声の呼び合いが美しい第二楽章。葬送行進曲が迫りくる第三楽章。ものすごいうねりを慟哭《どうこく》のアッコードで締めくくった第四楽章。「ショパンのダークサイド」に興味のある彼にはぴったりのプログラムだ。

このラウンドでは、二五点組の三名に唯一の音楽学者であるジョン・リンクも加わった。ケヴィン・ケナーはようやく二〇点でYESをつけたが、モレイラ＝リマは相変わらず一八点でNO、ここにフィリップ・ジュジアーノが加わって一九点でNOと、本選に進ませることを拒否している。幸いなことにこれらの審査員はマイノリティで、ガジェヴは本選に進み、第三次予選で弾いた『ソナタ第二番』でソナタ賞を獲得した。

ケヴィン・ケナーは自身の採点を『サラサーテ』で次のように語っている。

「アレクサンダー・ガジェヴを1次で聴いた時にはどこか不条理で混乱した音楽のように聴こえました。2次でもまだよくわかりませんでした。ですが第3次審査でようやくわかりました。彼の音楽は反田とは対照的に、とても人間的・哲学的なんですね。何かをきっちり構築しようというのではなく、広いスペースの中でさまざまな迷いや戸惑いを聴かせる。私の音楽創りはもっとダイレクトにフォーカスされているので、時間をかけなければ理解できなかった」

筆者のインタビューでケナーは、ガジェヴの『ソナタ第二番』の「葬送行進曲」について、それは「死ですらない、『死の先』を表現するものだった」と絶賛している。

ガジェヴ自身、第三次予選が自分のコンクールのハイライトだったと語っている。

本選の協奏曲は、第一番より「内省的なところ」が好きと語る第二番。愛奏するシゲルカワイの深みのある低音から煌《きら》めく高音まで駆使してナラティヴな演奏をくり広げた。第一楽章の第一主題はニュアンス豊かで、彼がフレーズを弾くと光の帯が出現する。第二主題も緩急自在の歌い方。展開部はオケを相手に精一杯のアンサンブルをくり広げたが、やや息の合わない部分も散見された。

第二楽章のテーマは喜び、悲しみ、ためらいなどの感情があますところなく表現される。オクターヴの響きがきれいで、重音のトリルはクリスタルのよう。低音からの装飾的パッセージにはすごみがあり、イタリア・オペラのベルカントを思わせる。

第三楽章は切なげな主題で始まる。つづく快速のパッセージは軽やかに渦を巻く。スケルツァンドの第二主題も軽やかに。再現部は切ない表情に戻る。コーダ部分は輝かしく、フェルマータのあとは鳥の囀《さえず》りのよう。オーケストラが鳴り終わる前から大喝采が送られたが、思索的なこの人には、そもそもショパンの初期より後期の作品が合うように思われた。

海老彰子はガジェヴを評価する一人だ。

「たとえば今、ワルシャワは秋で色づいてますよね。同じ木でも、葉っぱには一つひとつ、いろいろな色があります。そんなニュアンスを表現する力を、彼は持っているんです。あとは独創性があります。自分の頭で考えていて、先生に教えてもらってやっていることではないということがよくわかります。大人ですね」(『ぶらあぼ』)

フィリップ・ジュジアーノは否定派だ。

「アレクサンダー・ガジェヴは芸術的で霊感に満ちた、すでに有名なピアニストです。彼を第2位以下にすることはできなかったでしょう。ただ、『ピアノ協奏曲第2番』はショパンの楽譜を書き換えているようで不自然でした」(『音楽の友』)

ネルソン・ゲルナーは、『サラサーテ』のインタビューで技術的なことを指摘する。

「彼はとても深いアーティストで、瞬間瞬間のインスピレーションもすばらしい。残念だったのは、ファイナルで少しピアニスティックな弱さが出てしまったことです」

理屈っぽく、哲学について話し出すととめどなくなるというガジェヴは、インタビューも少し難解だ。入賞者への記者取材会では、聞き手の飯田有抄《ありさ》相手に延々と語っている。

「私は多様な関係性の中にいます。様々なものとつながることが好きです。時にそれは無意識的です。すべての音符に対してこれは火を表している、これは物語を表している、とは思いません。それはもっと深層で行われていることです。またある時にはとても意識的におこなうこともあります。私はすべてが関連していると考えることが好きです。もちろん音楽は音楽です。しかしあるイメージや場面を想起させることがあります。特にショパンの音楽は魂の内面的な動きを思わせます。（後略）」

「何か一つのことに特化しない音楽家になりたい」というガジェヴは、ベルリンのハンス・アイスラー音楽大学での課程を修了したあと、シュトゥットガルトで「バロック、ロマン派、近代、モダンの即興演奏」を学び、ピリオド奏法も学ぶ予定だという。

「すばらしいホールでも演奏したいけれど、エリート的な存在でなく、小さな場所とか、全然違う気持ちになれるところでも弾き続けたい」(『ぶらあぼ』)と語るガジェヴは、きっと息の長いアーティストになるだろう。

四　ダン・タイ・ソン・チルドレン

ルバートについて

「ショパンの演奏の特色は、ルバート奏法にある。ルバート奏法では、総体としてのリズムは常に一貫して重視されねばならない。私は彼が、『左手は教会の聖歌隊の指揮者なのですから、妥協や譲歩は許されません。柱時計だと思ってください。右手は好きなように、できることは何でもやってかまいません』と言っているのを何度も耳にした。またこうも言っていた：『ある曲が仮に5分間かかるものとしますね。その場合に、この曲が最後まで演奏されて、きっかり5分で終わらなければならないにしても、細部（曲の演奏の途中の）では、いかようにも自分で調節がきくはずです。これがルバート奏法というものなのです』」

（レンツ『弟子から見たショパン』）

教師はポリス？

第一八回ショパン・コンクールは、優勝したブルース・リウはじめダン・タイ・ソン・チルドレンの活躍が顕著なコンクールとなった。

二〇一五年のコンクールの少し前、雑誌の企画でダン・タイ・ソンにインタビューしたことがある。彼は「僕が教えているニューイングランド音楽院には、たくさんの東洋系のすばらしい子供たちがいるんだよ」と嬉しそうに話していた。

演奏会でボストンに赴いた際のマスタークラスで出会ったとのこと。なんと、そのうちの一人がチャイコフスキー・コンクールで第二位に入ったジョージ・リーであり、ショパン・コンクール第四位のエリック・ルーだった。ボストン以外にも、オハイオ州のオバーリン音楽院やカナダのモントリオール大学などで教鞭をとっている。

一九八〇年、ポゴレリチ問題で揺れた第一〇回ショパン・コンクールで優勝したダン・タイ・ソンは、二〇〇五年から審査員に加わった。はじめの二回は目立った戦績はなかったが、二〇一五年は生徒のケイト・リウ、エリック・ルーとアニー・チョウ、イーケ・トニー・ヤンが予備予選を突破した。そして、アニー・チョウ以外の三人がファイナリストになったのである。ちなみにジョージ・リーも予備予選を通過していたが、チャイコフスキー・コンクールで入賞したため、ショパンの本大会は棄権した。

コンクールが終わったあと、ダン・タイ・ソンは『サラサーテ』（第17回ショパン国際ピアノコンクール全記録）のインタビューに答えて、「私がこのコンクールで優勝してから35年、35年経ってようやく私の後継者たちがこのコンクールに戻って来たと感じています。〝二回目の勝利〟という感じです。3人で優勝の半分くらいですけど（笑）」と語っていた。とすれば、優勝と第六位を勝ち取った二〇二一年は、晴れて全面的勝利に行きついたというところだろうか。

審査員たちは直接指導した生徒は採点することができず、スチューデントを意味するS申告（あくまでも自己申告なのでたまに問題が起きる）をする。三次予選に進出したコンテスタントの表を見ると、一番S申告の多いのがパレチニで、日本の反田恭平（第二位）、古海行子、韓国のイ・ヒョク（ファイナリスト）。ダン・タイ・ソンはカナダのブルース・リウ（優勝）とJJ・ジュン・リ・ブイ（第六位）。ついで審査員長のズィドロンがシモン・ネーリングとヤクブ・クシュリック（第四位）。シフィタワはポーランドのカミール・パホレッツ（ファイナリスト）とアンジェイ・ヴェルチンスキ。パホレッツについてはエヴァ・ポブウォッカもS申告している。他にイタリアのミシェル・カンドッティがロシアのドミトリ・アレクセーエフに師事している。

左からダン・タイ・ソン、著者、海老彰子

審査員長のズィドロンは二〇〇五年の優勝者ブレハッチの指導者で、その功績から審査員に加わった。二〇一五年のときは生徒六名（ポーランド三名、中国二名、日本一名）がエントリーし、そのうち四名が第一次予選を通過したが、中国のズ・シューが第三次予選に進んだ（二〇二一年は第二次予選敗退）のみだった。ネーリングは二〇一五年のときは審査員の誰にも習っていなかったようだが、今回はズィドロン門下から出場したものの、ファイナリストになれなかったのだ。

ズィドロン門下は総じて折り目正しい演奏が特徴だが、ダン・タイ・ソン門下はこれといった特徴はなく、それぞれのピアニストがそれぞれの方向を向いている。これは、個性を尊重するダン・タイ・ソンの教育方針から来ているのだろう。

『ショパン』（二〇二一年一二月号）のインタビューに答えて彼はこんなことを語っている。

「教師にとって最も難しいことは、自分の好き嫌いを忘れて生徒を指導することです。自分の好みに合った生徒を教えるのは簡単ですが、生徒たちはそれぞれ違います。教師はエゴを忘れて、彼らの個性を受け入れ、そのよい面を伸ばさなければなりません。私も以前は、どの生徒にも自分の好みを押し付け、画一的な指導をしていました。でも、最近は経験を積んで少し変わってきました。生徒の天性の才能を自由に開花させ、境界を越えそうになったら注意する。今の私の役目は警察官です（笑）」

たとえば、優勝したブルースと六位になったＪＪ・ブイではまったくタイプが違う、とダン・タイ・ソンは言う。ブイを月にたとえるなら、ブルースは太陽のようだ。ダイナミックでエネルギーと冒険心に溢《あふ》れ、自分ともまったく違っている。

「どちらかというと、ブイのほうが私に近いかもしれません」（『ぶらあぼ』）

心やさしいダン・タイ・ソンは、成果を上げた弟子だけではなく、うまくいかなかった門下生のことも思いやる。

「今回私は、たくさんの生徒をこのコンクールに連れてきてしまいました…そのせいで落とされなくてはならなかった子がいたかもしれない。もしかしたらこれは今後、私自身が考えなくてはいけないことなのかもしれません。あまりにもたくさんの生徒を連れて来ると、残念な結果になるという」（『ピアノの惑星ＪＯＵＲＮＡＬ』）

カイミン・チャン、ユートン・スン、ＪＪ・ブイ

ダン・タイ・ソン・チルドレンの第一次予選で筆者が好きだったのは、台湾のカイミン・チャン。オバーリン音楽院で学んでいる。

二〇一五年第四位のエリック・ルー・タイプ。『ノクターン作品四八ー一』は文字どおり夢見るノクターンで、どんどん小さく遅くなる。オクターヴのパッセージではいったん感情を爆発させるものの、再現部はすっと音を絞り、きれいなピアニッシモで弾く。

『練習曲作品二五－五』は多彩なリズムが面白かった。中間部は左手のメロディとともに右手の伴奏形も歌いこむ。再現部はまた跳ねる。さまざまなアイディアで飽きさせない。「黒鍵のエチュード」こと『練習曲作品一〇－五』も緩急自在でおしゃれだった。

最後は『バラード第一番』。テクニックはやや硬いが、思いのたけをぶちまけるようなピアノだ。カンティレーナは囁《ささや》くように弾かれる。一転してオクターヴはヒロイックに、スケルツォは軽やかに。つくった表情ではなく内面から音楽が溢れる。テンポはゆっくり目でコーダも急がず、すべての音を鳴らす。ラストはアッコードを極端に弱く、カデンツァとのコントラストをつける。感動的な演奏にブラヴォーの嵐が起きた。

しかし、カイミンはそのステージの前日からお腹《なか》をこわして何も食べられなくなり、母親は森岡葉が取材のために借りていたアパートに通って台所でお粥《かゆ》をつくっていた。翌日から熱も出て二日間寝こみ、練習もできなかったらしい。病みあがりで弾いた第二次予選は、『三つの新しい練習曲』や『ロンド作品一』など彼らしいこだわりで面白かったが、全体に精彩を欠いていた。

やはり敗退したが、ユートン・スンの二次予選はすばらしかった。ニューイングランド音楽院でアレクサンダー・コルサンティアとダン・タイ・ソンに師事しているという。

『バラード第三番』は、柔らかい音で優しく優しく弾き始める。イントロはつぶやくように終わり、主部は左右をずらす。やはり夢見るように弾くタイプ。クライマックスはややペダルが多かったか。コーダはぐいぐい。音楽の推進力にも秀でている。

『ワルツ第五番』は昔の巨匠のような自在な演奏だった。短調のところはぐっとテンポを落として憂いをつくる。リズムの弾み具合が心地よく、表情はチャーミング。最後はものすごいテンポで弾ききった。

ＪＪ・ジュン・リ・ブイ
©Fryderyk Chopin Institute

白眉は『ポロネーズ嬰ヘ短調』で、真のテンペラメントを感じた。どす黒い空気から一転した中間部は蕩《とろ》けるように美しかった。再現部では音色も天使的。ついで雲ゆきが怪しくなるあたりの演出がドラマティックだった。

つづく『スケルツォ第三番』では、

腕が縮んだかオクターヴでややミスが多くなった。この曲を弾かずに感動的なポロネーズで終えていればよかったのにと悔やまれる。

三次予選では、第六位に入賞したＪＪ・ブイの演奏が印象に残っている。

オバーリン音楽院に学ぶ一七歳だが、年齢に似合わぬ成熟した音楽を聴かせる。夢見るように開始した『バラード第二番』は、極限まで絞ったピアニッシッシモが美しい。嵐部分は流れるよう。バスに乗せた右手のパッセージも難しさを感じさせない。コーダの前で音量を絞り、連打のパッセージを左手に乗せ、ひとつの物語として弾き紡いだ。

『マズルカ作品二四』の第一曲は深々とした情感を湛《たた》えている。転調に沿ってさまざまに色彩が変化する。第二曲は一転して、リズムが躍動する。第三曲はつぶやくように始まる。あるときは活き活きと。あるときは詠嘆的に。第四曲は歌いこむ。常に三拍目にきちんと着地するのがよい。クライマックスから徐々に闇に消え去るまで、息の長い音楽づくり。

『マズルカ風ロンド』でも音は煌めき、リズムは自在に跳ねる。ブイの指の下でシゲルカワイが上品に輝く。

『ソナタ第三番』の第一楽章は充実の演奏。カンティレーナはよく歌い、展開部は立体的。

第二楽章は軽やかで、トリオは上下の呼び合いが美しい。第三楽章のゴンドラの歌は、ゆったりしたテンポで大きく歌う。トリオはバスを響かせ、再現部は夢見るように。第四楽章はテンポ設定が秀逸。最後は速度を落として太い音で歌いこみ、感動的だった。

こんなにすばらしい演奏をしたのに、ファイナルの協奏曲ではストレスのあまり身体がふるえてしまい、第一楽章はあまりうまく弾けなかったのだ。抒情的な二楽章では持ちなおしたものの、第三楽章は途中から急いでしまい、オケが追いつくのが精一杯という状況になった。本領を発揮していたらもっと上位を得られたはずだ。


パーフェクトでパーソナルなブルース・リウ

お腹をこわしたり、選曲を間違えたり、ストレスに襲われたりするチルドレンの中で、ブルース・リウは強靭《きょうじん》な神経の持ち主。パリで古物商を営む母親から聞いたのだが、コンクール期間中もよく眠っていたという。

名前からブルース・リーを思い浮かべるが、実際に意識して英語名をつけたらしい。中国名はシャオユーで、両親や友人たちはみなこう呼んでいる。

二〇一七年のルービンシュタイン国際コンクールではファイナリストになっている。このとき優勝したのが、今回はセミファイナルで涙をのんだネーリングだった。

ブルースは英語のインタビュー（Fedorova & Takser, Bruce Liu on: Music, Teachers, Winning strategies and Serious relationships）に答えて、「フェアな結果ではないとか、納得できないとか、そういう気持ちになることはたしかにあった」と告白している。それだけに今回は、他のコンテスタントの演奏を一切聴かず、メディアの報道に心を乱されることもなく、仏陀《ぶっだ》のようになっていた。「結果は考えず、自分自身に集中する、ということだけを心がけた」とのこと。

第一次予選から、ホールの音響や審査の傾向を知るために頻繁に会場に足を運んだ反田恭平とは真逆のスタンスだ。

ここで思い出すのは、二〇〇五年にポーランド人として久方ぶりの優勝を飾ったラファウ・ブレハッチだ。大ヒットした『蜜蜂《みつばち》と遠雷』の作者・恩田陸《りく》との対談インタビューで彼はこんなことを語っている。

「実は、プレッシャーを避けるために大変努力をしました。浜松の時もそうでしたが、とにかく期間中はコンテスタント仲間をはじめあらゆる人との接触を避け、耳に何も入らないようにしていました。ラジオやテレビはつけず、プレスの会見内容も一切知らない状況の中で音楽に集中したのです。（中略）

でも、コンクールの場で他の人の演奏に触発されたいと思う人もいて、私の仲間たちも積極的にホールの中に入って聴いていました。私も、自分の演奏は聴いてみたかったですね（笑）」（『AERA dot.』）

ブルース・シャオユー・リウ
©Fryderyk Chopin Institute

仏陀になったブルースのかわりに作戦を練ったのは、師のダン・タイ・ソンだった。

高坂はる香による『ぶらあぼ』のインタビューでは、こんなやりとりが見られる。

「シャオユーさんのマズルカをはじめとする舞曲は、とてもハッピーでリズムのセンスを感じるものでした。あなたは、マズルカはどう演奏されるべきだとお考えですか？」

「あはは！　最初にシャオユーがマズルカをもってきたときは、もっともっとハッピーだったんですよ。なので、ちょっと落ち着かせないといけませんでした（笑）。彼の演奏したOp.33は4曲からなりますが、いくつかはハッピーのままでいいけれど、いくつかはちょっと注意しないといけませんでしたね」

ダン・タイ・ソンに師事し始めたころは、ショパンを弾こうとは思ってもみなかったというブルース。コンクールの準備は二〇一九年からだから、新型コロナ感染症で一年延びなければ間に合わなかったかもしれない。世界中を飛び回っている師匠もコロナ禍でモントリオールに滞在することが多く、定期的にレッスンを受けることができた。

ブルースはいつも新しい音楽上のアイディアを求めている。ステージではもちろん、普段の練習のときもホテルの部屋でさえもいつも考えているという。師匠は、ブルースのアイディアを大切にしながら、ショパンのスタイルを忘れないように導いた。

「ポロネーズやマズルカのタイミング、リズム。加えて音量の問題。ショパンのフォルテと、ブラームス、ベートーヴェン、プロコフィエフのフォルテは違うということを理解させたうえで、バランスを保ちながら、自由な音楽をさせる。コンクールでは、ショパンのスタイルをはみ出してしまえば、落とされてしまいますから」（『ピアノの惑星ＪＯＵＲＮＡＬ』）

ブルースは第三次予選で『ラ・チ・ダレム変奏曲』を弾いて大きな成功をおさめた。モーツァルトの歌劇『ドン・ジョヴァンニ』の「お手をどうぞ」のアリアにもとづく主題と変奏で、ショパンが一八二九年八月、ウィーンのケルントナトーア劇場でオーケストラと共演し、センセーションを巻き起こした作品だ。

ショパンは家族に宛てた手紙で「変奏曲が終わるごとに聴衆が熱狂するので、オーケストラのトゥッティが聞こえないほどであった」と書いているが、海老彰子が「歴史的名演」と絶賛したブルースの演奏もまさにそんな熱狂を呼び起こした。

若書きの技巧的な作品だが、これも先生の作戦だったかもしれない。ダン・タイ・ソンは「プログラムの選択も重要だったでしょう。自分のキャラクターが明るいのならば、深くドラマティックな作品は選ばないほうが賢明です」と語っている。

「例えば若いショパンの作品には、ブリリアントでカラフルな作品も多い。一人の作曲家だけのコンクールは少ないですが、それが成り立つのは、ショパンのように幅広い作品があるからこそです」(『ぶらあぼ』)

二〇一五年のエリック・ルーは、コンクール当時まだ一七歳だったが、『バラード第四番』や『舟歌』、『二四の前奏曲』のような「大人の曲」を弾いている。彼は特別で、ダン・タイ・ソンの門を叩いた一四歳のころから『バラード第四番』や『ノクターン作品六二－一』のような深い内容の作品を弾きたいと言ったという。

それに比べれば、二〇二一年のチルドレンたちはもう少し精神年齢が若いということになるだろうか。ダン・タイ・ソンがS申告したのは八名。そのうち、カイミン・チャンは第二次予選で『ロンド作品一』を弾いている。前にも書いたように体調が万全ではなく、セミファイナルに進めなかった。

ファイナリストとなったJ J・ブイは、二次予選で『華麗なる変奏曲』という若い時代の作品を弾いている。やはりダン・タイ・ソンがS申告したジュンフイ・チェンも、三次予選ではブルースと同じ『ラ・チ・ダレム変奏曲』を演奏予定だったが、残念ながら一次で敗退してしまった。他の四名は特段に珍しい選曲はしていない。

「ショパン・コンクールではみんなが同じ作品を弾きますから、スタンダードをやっても、群衆の中で違いを出すことができません」とダン・タイ・ソンは語る。

「そこで重要になるのがバランスです。ショパンのきちんとした理解のうえに、少しフレイバーを加え、フレッシュで個性的なものにする。工業製品のように同じ演奏ばかりでは、さすがの審査員も眠くなってしまいます。パーフェクトであることに加えて、パーソナルなタッチを持っていることが必要なのです」（同前）

パーフェクトにしてパーソナル。まるでブルース・リウのために捻出されたようなコメントだ。三次予選では、韓国のイ・ヒョクも『ラ・チ・ダレム』を選曲していた。いかにも彼らしい楽しい演奏だったが、技術的なほころびも見られ、「パーフェクト」とは言いがたかった。

“フォービズム”の出現？

ブルースは二〇一六年仙台国際コンクールの第四位で、当時はごく普通の演奏スタイルだったようだ。ちなみに名前もブルースなしのシャオユー・リウ。このときの審査員の一人がダン・タイ・ソンで、認められてモントリオール大学で指導を受けるようになったものと思われる（ダン・タイ・ソンは、自分のマネージャーに彼を紹介している）。開花したのは個性を伸ばす指導の賜物だろうか。

ワルシャワでは、ラウンドごとに聞き手の度肝を抜くような個性的なアプローチ。音楽評論家の下田幸二は『音楽の友』で、大胆なルバートや独特の拍節センスから「美術界における『フォービズムの出現』」にたとえた。本人も前出の英語のインタビューで「今までのショパンの解釈から見たらかなり違うだろう」とコメントしている。

筆者がブルースの演奏を会場で聴いたのは第二次予選からだったが、「フォービズム」とは思わなかったものの、守りに入っていないという印象を受けた。

第二次予選で弾いた『バラード第二番』のコーダは疾風怒濤のようだったし、『ワルツ第五番』の主部は左足と右足を風車のように回転させ、中間部は左右の手をずらして弾く（ポーランドの審査員があまり好まないスタイルだ）。『アンダンテ・スピアナートと華麗なる大ポロネーズ』のニュアンスはデフォルメの極致。最後までものすごい速さで弾ききり、私のメモには「会場はブラヴォーの嵐だが、審査員には⁉」と書かれている。しかし、あとになって発表された採点表によれば、彼は予選ラウンドを通じて一人のNOもない完全優勝だったのだ（コンクールの性格を考えるとこれは少し不思議だ）。

三次予選の『ラ・チ・ダレム変奏曲』でも、右足を横に出し、まるでジャズ・ピアニストのように踵《かかと》を上げて爪先でリズムを取りながら弾いていた。

本選の『協奏曲第一番』は硬質で骨太のショパンだが、文法はきちんと押さえている。たとえば第一楽章の冒頭の和音からアルペッジョ、両手の下降までは同じキーで支えられているのだが、そのことが明確にわかる。第一テーマはもう少し音が歌ってほしいと思った（配信ではこの印象は緩和されている）。再現部のテーマはピアニッシモできれいだった。

第二楽章もテーマの音が伸びず、消えてしまう。三度のメロディはルバートをきかせてきれいに歌っていた。動きのあるパッセージになると急に元気になるのが面白い。

もっとも異彩を放っていたのは第三楽章。リズムの跳ね方が独特で、左手は内声を強調する。圧倒的なフィンガーテクニックを駆使しながら左足を跳ね上げ、右足を回転させ、最後のスケールが唸《うな》りを上げた瞬間、会場も唸りを上げていた。

　他を引きはなした完全優勝だったにもかかわらず、ブルースは特別賞を得られなかった。優勝者が特別賞を取らないのは長いコンクールの歴史の中で初めてのことだったらしい。師のダン・タイ・ソンは不満だったようだが、フィリップ・ジュジアーノは『音楽の友』のインタビューで、「彼は協奏曲で暗譜が危なくなりましたね。ですから彼には特別賞は与えられなかった」と語っている。

　第一楽章の再現部、第二主題でときどき左手が混乱している。最後のアジタートでも、バスを跳び間違えたところがあった。豪胆に見えてもさすがに緊張があったのだろう。

ファツィオリの魅力

ブルースはまた、イタリアのファツィオリを選択したことでも話題を呼んだ。といっても、事前にコンタクトがあったわけではなく、セレクションの一五分間で決めたらしい。「試弾したときに、気品のある優雅な音色に魅せられました」とブルースは森岡葉のインタビューで語っている。

「もうひとつ重要なことは音色の透明感です。僕は弱音を弾くとき、最後列の聴衆にも美しくクリアな音を届けたいと思っているので……。もちろんリスクはありました。ほかのメーカーのピアノに比べて、鍵盤のアクションが重く感じられ、トリルなど技巧的なパッセージを弾くときにコントロールしにくいのではないかと心配でしたが、やはり美しい音色に惹《ひ》かれました。これも僕の性格ですね。安全よりも冒険を選ぶ（笑）」（『ショパン』二〇二二年一月号）

ブルースにとって、ファツィオリの選択が効果的だった理由がもうひとつある。フィンガーテクニックに秀でた彼は、単音が今ひとつ伸びないうらみがある。長い音を弾くとき鍵盤にヴィブラートをかけているのは、無意識にそうなってしまうのだろうか。楽器そのものがベルカントに歌うファツィオリは、彼の弱点をある程度補っていたといえよう。

やはりファツィオリを選択したアルメリーニは、高らかに歌い上げるスタイルがぴったりだったが、腕の重さをかけるときと指先だけで弾くときでタッチにムラができていた。

ここで思い出すのは、反田恭平だ。彼はファツィオリを選択するという話だったが、蓋を開けたらスタインウェイ四七九だったのでびっくりした。話を聞いたところ、やはりアクションの問題があり、第一次予選では練習曲を考慮して選択しなかったという。逆に、音色の魅力から、「これまでの自分とは違う演奏をしよう」とファツィオリを選択した伊藤順一は、コントロールしきれない場面があり、残念ながら第二次予選に進むことができなかった。彼は日本ショパン協会主催のコンクールで優勝しており、とりわけマズルカの演奏に定評があるので、第三次予選まで進出しなかったのがかえすがえすも悔やまれる。

ファツィオリの魅力は、音域によって音色が変化するところにある。これは古いピアノにも通じるところがある。二〇一八年のピリオド楽器のためのショパン・コンクールで第二位に輝いたアレクサンドラ・シフィグットも、おそらくそうしたことからだろう、ファツィオリを選択したが、やはり鍵盤に抵抗がありすぎて練習曲でミスが散見された。彼女のようにピリオド楽器を弾く人は、ファツィオリのタッチは余計重たいと感じるだろう。

そこで、あえてファツィオリを選び、他のどのピアニストよりも超快速のスピードでクリアに弾きこなしたブルースのすさまじいテクニックが推察されようというものである。

五　小林愛実のピアニッシシモと西陣織のドレス

ニュアンスについて

「ショパンはピアノを叩くような弾き方が大嫌いだった。彼の *forte* はあくまで相対的なもので、絶対的なものではない。常に *crescendo* と *diminuendo* の線上を揺れ動く、あの微妙な *piano* や *pianissimo* との兼ね合いがあるからだ」

（ヒプキンズ『弟子から見たショパン』）

脱皮

手元に一三年前のチラシがある。「小林愛実　日本デビュー　プレミア・コンサート」と題して、二〇〇九年一二月にサントリーホールのブルーローズで開催されたものだ。

「アルゲリッチもキーシンも…世界中が絶賛する驚異のリトル・ピアニスト　コンクール最年少記録も塗り替え続けてきた小林愛実（14歳）がＥＭＩ　ＣＬＡＳＳＩＣＳと契約！２０１０年2月10日ＣＤデビュー決定!!」とある。

今は便利な時代で、コンサート名で検索すると、すぐに記事が出てくる。

「音楽コンクールの最年少記録を次々と塗り替えている話題のピアニスト、小林愛実（14歳）がＥＭＩ　ＣＬＡＳＳＩＣＳと契約。２０１０年2月のＣＤデビューを記念したプレミア・コンサートが12月14日、サントリーホール　ブルーローズ（東京・赤坂）で行われた」（『チケットぴあ「クラシック」』）

記事には写真も掲載されている。水色のドレスを着て長い髪を後ろで結んだ少女は、利発そうな目と健康そうな白い歯が今も面影を残しているが、頰はふっくら、腕もまるまるとしている。胸元につけている音符の形の小さなネックレスはずっと変わらない。

コンサートは一時間の短いもので、記事によれば、ベートーヴェン『ワルトシュタイン』、ショパン『練習曲作品一〇‐四』『マズルカ作品六三‐三』『スケルツォ第一番』の順で演奏したようだ。アンコールは遺作のノクターン。演奏後には、音楽評論家の伊熊《いくま》よし子と、当時の師匠である二宮裕子をまじえての質疑応答。

裂帛の気合いというか、演奏しているときの尋常一様ではない集中力と、普段の無邪気な様子とのコントラストが印象に残っている。

才能の大きさはよくわかったが、同時に大変だなぁとも思った。俳優でも子役から大人への関を越えるのは並大抵のことではない。かのアルゲリッチも、八歳でデビューして一六歳でブゾーニとジュネーヴの両国際コンクールで優勝したあと、辛《つら》い時期があったようだ。

小林愛実は一九九五年生まれ。三歳からピアノを始め、七歳でオーケストラと共演、九歳で国際デビューを果たすなど天才少女として名をはせたが、一六歳で受けたジーナ・バッカウアー国際コンクールのヤング・アーティスト部門で優勝できなかった（三位）ことから挫折が始まる。

桐朋女子高校音楽科の三年生のとき、内外での演奏活動を休止してフィラデルフィアのカーティス音楽院に留学した。ラン・ランやユジャ・ワンの出身校で、二〇一五年のショパン・コンクール第四位のエリック・ルーも学ぶ名門だ。

『サラサーテ』のインタビューによれば、「落ちても桐朋に残ればいいやと思って試験を受けたらうかっちゃって」とのこと。

小林愛実
©Fryderyk Chopin Institute

「アメリカに行って良かった？」の問いには、「日本はいろいろ縛りがあるし、ちやほやされて全然伸びなかったと思います」と答えている。

自分の音楽は何なのか、自分はどう生きたいのかわからなくなり、壁にぶつかった。

「それまでは無敵だと思っていたんで

すよ。だからあの時は本当につらくて、3年間ぐらい悩みました。怖くてピアノを弾くことすらできなくなってしまって。私の人生で一番の挫折だったと思います」(『ウーマンタイプ』)

たまにレッスンに行くと、師事するマンチェ・リュウ先生から奏法を直すようにとばかり言われて、嫌気がさす。ピアノをやめようかとまで思いつめたが、「どうせなら挑戦してみようと思って」(同前)二〇一五年の第一七回ショパン・コンクールに出場した。

四月に開催された予備予選では、小林はまだ子役のままだった。

「強靭なバネを武器にモノに憑《つ》かれたように弾くと、理屈ではない音楽がほとばしり出る。フォルテを出すときは極端な前傾姿勢で体重をかけ、しばしば腰を浮かせて弾いていた。この奏法では、本来重さをのせるべき指の第三関節(手の甲とを隔てる関節)が十分に育たないため、楽器がきちんと鳴らないうらみがある」(拙書『ショパン・コンクール』)

小林も自覚したのだろうか、半年間でかなり奏法を改善させ、秋の本大会ではすっと背筋を伸ばし、いわゆる大人の弾き方に変貌していた。しかし、まだ第三関節が十分に鍛えられていないためか、協奏曲では、指先だけで弾く細かいパッセージがオーケストラに埋もれてしまうのが気になった。

コンクールにかける思い

二度目の挑戦となった二〇二一年のコンクールでは、あらゆる意味で大きく成長した小林を見ることができた。

筆者はパスポートの関係で一次予選の最終日から客席で聴いたが、小林は午前の部の最後のほうに出演した。

ポーランド語と英語で名前、曲目がアナウンスされ、「プリーズ、ウェルカム、アイミ・コバヤシ」で締めくくられる。拍手が沸き起こり、ほどなくステージへの階段をのぼってコンテスタントが姿を現すのだが、小林はいつまでたっても現れない。体調でも悪くなったのではないかと心配したのだが、あとで動画配信を見たら、控え室で出番前のルーティーン（チョコレートを食べ、水を飲む）に専念しており、英語で曲目がアナウンスされても、「プリーズ、ウェルカム」についで拍手が起きてもまだ控え室にいる。ようやくステージに出てきたものの、椅子に座り、レバーに手をやるやいなや袖のほうを振り返り、出ていってしまった。

　ここで筆者は、二〇一五年に起きた椅子問題に思いをはせる。ピアノの椅子には、昔ながらの背もたれ式とスツール式、最近多くなった油圧式の三種類がある。背もたれ式は後ろのレバーで高低を操作するため、いったん立ち上がらなければならない。スツール式は横にねじがついているので座ったまま操作できるが、ときおり非常に硬く、ピアノを弾く手に悪影響を及ぼすことがある。

　二〇一五年秋の本大会の椅子は、当時最新式のベンチ型油圧式で統一されており、座ってからレバーで高低を操作するのだが、体重の軽い小林は座ってもびくとも動かない。立ち上がってポンポン叩いていたら拍手が来てしまい、仕方なくそのまま弾いたが、本当はもう少し下げたかったという話をあとで聞いた。

　椅子はその後さらに進化し、二〇二一年のものは、見た目はスツール式だが機能は油圧式だったらしい。小林が舞台を降りたあと、恰幅《かっぷく》の良い道具係の男性が現れ、椅子に座ると重みですっと下がったため、ふたたび拍手が起きた。そのまま一番上まで上げ、小林を呼んだが、それでもまだ低すぎたらしい。道具係は上手《かみて》に置かれたもう一台のスタインウェイの椅子と交換し、ふたたび一番上まで上げたがやはり低すぎたようで、元の椅子に戻してそのまま弾いた。最初にステージに現れてから三分以上が経過していた。

あとで小林は、この件について、選定したスタインウェイ四七九はセレクションのときよりも重くなっていると他のコンテスタントに聞いたので、椅子に神経質になったと話していた。小柄なピアニストの場合、腕や指で弾くだけでは十分な音量が出ないため、フォルテ部分では身体全体を使うことが多い。実際に小林は、ここぞというときは、腰を浮かせるようにして全体重を鍵盤に預けて弾く。椅子が低いと、思ったように体重をかけにくいのだろう。

動揺があるのではないかと心配したが、冒頭の『ノクターン作品四八－二』は音のひとつひとつが語りかけるようでハーモニーのかすかな変化も美しく、感情の推移が音に託されている。

第一次予選はふたつの練習曲が入っており、ピアニストは誰でも神経質になる。小林は『作品二五－一一〝木枯らし〟』と『作品一〇－一〇』という難しい曲を選択しており、少しの椅子の高さの違いも出来ばえに影響したことと思う。『木枯らし』こそやや慎重な弾きぶりだったが、『一〇－一〇』はなめらかなレガートが、『スケルツォ第四番』は軽やかなスタッカートが美しく、会場からはブラヴォーの声が上がった。

予選ラウンドのプログラムは、二〇一五年とはがらりと変えた。

一次予選の練習曲は一〇－四、二五－二から一〇－一〇、二五－一一に。ノクターンは二七－一から四八－二に。スケルツォは第三番から四番に。全般により音楽的に深い内容のものになっている。二次予選も『舟歌』を『幻想ポロネーズ』に、バラードも第一番を二番に、ワルツは第四番を五番に、『英雄ポロネーズ』を『アンダンテ・スピアナートと華麗なる大ポロネーズ』にと、技術的にも音楽的にもより困難なものに変えている。三次予選は『ソナタ第二番』を『二四の前奏曲』にしたために、残り時間が少なく、『マズルカ作品三〇』しか弾けなかった。ちなみに二〇一五年には『序奏とロンド』『マズルカ作品一七』と、天才少女時代の売り物だった『スケルツォ第一番』を弾いている。

あらためて選曲を見ると、小林のコンクールにかける並々ならぬ思いが伝わってくる。


『二四の前奏曲』

二〇一五年を小林とともに戦った日本人コンテスタントは、再挑戦してもほとんど予備予選で姿を消してしまったが、ただ一人三次予選まで進出した古海行子は、一次予選では二〇一五年と同じ『黒鍵のエチュード』と『幻想曲』を弾いている。スケールの大きなピアニストで、繊細さと豪快さを併せ持ち、あるときは指先のテクニックを駆使して羽根が生えたように軽く、あるときは身体を大きくしならせてどっしりと弾く。

第三次予選の『ソナタ第三番』は思い切りの良い演奏。自然な流れで感情を推移させ、ミスをも恐れず突き進む。フィナーレは雄大で、ブラヴォーの声が飛び交った。

二〇一五年はファイナリストだったオソキンスは二次予選止まりだったが、一次予選では二曲、二次予選では三曲重なっている。ともに変イ長調の『幻想ポロネーズ』で始まり、『英雄ポロネーズ』で終わる二次予選のプログラムは面白かったが、解釈には二〇一五年ほどの新鮮味がなく、前回ほど活躍できなかったわけもわかるような気がする。二大会連続で三次予選まで進出したスーヨン・キムはプログラムのほとんどを変えていたが、『ソナタ第三番』は同じ。

そんな中で、二〇一五年ファイナリストのシモン・ネーリングは三次予選までのすべてのプログラムを変えて臨んだが、残念ながら本選には進めなかった。

二〇一五年のときのネーリングはひたすらイキの良いピアニストという感じで潑剌《はつらつ》と弾いていたが、二〇二一年はぐっと内省的になっていた。それがネーリングの場合はマイナスに働いたように思うが、小林愛実にはプラスに働いた。働かせた、ともいえよう。

二〇一五年の小林の魅力は、圧倒的な推進力だった。拙書『ショパン・コンクール』にはこんなことを書いている。

「作戦や工夫など、あらかじめ準備したものではなく、今その瞬間に降りてきた音楽を弾いているという臨場感が聴き手の耳を惹きつける」

しかし、二〇二一年はネガティヴな意味ではなく、かなりの作戦や工夫を感じた。

もともと爆音が出るほうではないが、無理やり出すかわりに極限まで音量を絞る。ホールの審査員席の後ろで聴いていても、ごくかすかに聞こえるか聞こえないかの弱音なのだが、しかしきちんと伝わってくる。六年前はそっと弾くと淡雪のように溶けてしまった音が、しっかりした芯を持って客席に届く。これはすごかった。

ワルシャワのフィルハーモニーはアコースティックが難しく、ステージでは自分の音がよく聞こえないために力をかけすぎてしまうコンテスタントが多い中、小林は絶妙のピアニッシモを操ってみせた。単にサウンドのレヴェルではなく、それを、人間の感情の機微の弾きわけに駆使する。

このピアニッシモがあるので、たまに力いっぱい出すフォルテやフォルティッシモが非常に効果的だった。

小林の演奏でもっとも成功したのが三次予選での『二四の前奏曲』だった。二〇一五年には『ソナタ第二番』を弾いているので、『ソナタ第三番』か『前奏曲』で迷ったが、二四曲すべてキャラクターが違うことに注目したという。

拙書『ショパン・コンクール』には書いたことだが、ショパンには役者の素質があり、物真似《ものまね》がうまかったという。ワルシャワ時代にはアマチュアの劇団に所属し、彼のパントマイムを観たさるフランスの俳優がプロになれると絶賛したというエピソードが伝わっている。『前奏曲』もショパンの二四面相がよく表れた作品だ。自ら「瞬間瞬間で雰囲気を変えていくのが得意」（『音楽の友』）と分析する小林は、「ショパンのコロコロ変わっていく心情を感じながら、瞬間的に感情を変えていくことをすごく意識」（『ぶらあぼ』）したという。
その結果、審査員のエヴァ・ポブウォッカが思わず涙する名演が生まれた。
「小林愛実の24のプレリュードは、私にとって、このコンクールでのハイライトのひとつでした」とポブウォッカは語っている。
「彼女にしかできない真実の演奏。私は審査員席から思わず拍手をしてしまったぐらいです。彼女は本当のアーティストです」（『サラサーテ』）
オレイニチャクとパレチニも審査員であるにもかかわらず拍手している。
「とても特別で個性的なスタイルを持っていて、確信が感じられる。聴衆のために自分の音楽を変えるということをしません。大きな拍手を得るために、安っぽい小道具を使って聴衆にアピールするケース、よくあるでしょう。でも彼女は、そういうことをしません。もっと上の順位で良かったと思います」（『ぶらあぼ』）
パレチニは高坂はる香によるインタビューで力説する。筆者が本選中にインタビューしたところによると、彼はひそかに愛弟子・反田恭平とのアベック優勝を願っていた。

よき仲間たち

小林の三次予選は優勝したブルース・リウに次ぐ高得点を得たので、順位を落としたとすれば本選の協奏曲だろう。小柄なピアニストだったクララ・ハスキルが「オーケストラを引きつける一番の方法はごく弱い音で弾くことだ」と語っているのをどこかで読んだことがあるが、小林の演奏がまさにそうだった。前回は持ち前の推進力でぐいぐいオケを引っ張っていたが、今回はアプローチを変えて極度に音量を絞り、日本人の本質である繊細さを前面に出していた。ドレスも、和のテイストを意識して西陣織を使用したオーダーメイド。

二〇一五年の指揮者ヤツェク・カスプシクは自分のテンポや解釈にこだわるタイプで、ペースを乱されるファイナリストも少なからずいた。二〇二一年のアンドレイ・ボレイコはコンテスタントに合わせてテンポも音量も自在にコントロールできる指揮者だったから、小林も思いきって自分の信じる音楽を打ち出すことができたのだろう。

第一楽章は充実した出だし。第一主題はゆったりしたテンポで、音量を絞りながら、自在にテンポを揺らす。何かの物語を紡ぐような印象がある。第二主題はインティメートで美しかった。レジェリッシモでテンポを上げるが、クリアネスを保っている。展開部は小さく繊細な音でゆっくり弾かれた。リゾリュートでもテンポを上げすぎず、すべての音を歌う。ハーモニーの変化がよくわかる。テーマの再現は情緒たっぷりに弾かれた。

第二楽章は祈りの音楽のイメージ。ナラティヴで音が艶やか。フォルテに向けて大きく広げていく。カデンツァはひそやかなオルゴールのよう。オケを装飾する部分も美しかった。

第三楽章は一転して勢いよく弾き始める。音にも艶がある。副主題は独特のリズム感。つづく三連音符の部分で少し破綻が出た。変ホ長調の部分では音量を絞り、オケを待たせてたゆたう。ところどころオケと合わない部分もあったが、緩急、強弱のコントラストがすばらしく、客席は感動に包まれた。

小林は弱音で弾くとともにかなりゆったりとテンポを取ったので、特に管楽器はついていくのが大変そうだった。アンサンブルもときに乱れたので、審査員の間で意見が分かれた可能性はある（ちなみに、私がインタビューしたかぎりでは、絶対的にアイミ・コバヤシを推すのはパレチニとジョン・リンクだった）。

最後にとてもほほえましいエピソードをご紹介しよう。

ショパン・コンクールの別冊特集号を出した『サラサーテ』の原口啓太編集長は、協奏曲の演奏前、小林がスタインウェイのスタジオでエリック・ルーのアドバイスを受ける場面を目撃している。エリックはカーティス音楽院の仲間で、「夢見るようにゆっくり弾く」ことで話題になった二〇一五年の四位だ。この他、優勝者のチョ・ソンジンや五位のイーケ・トニー・ヤンも「ショパン・トーク」の招きでコンクールを聴きに来ていた。

森岡葉のインタビューで小林は「みんなすごく仲がいいんですよ」と嬉しそうに語る。「同じところを目指している彼らからはいつも刺激を受けています。コロナ禍でずっと会えなかったので、久しぶりに再会できてうれしかったです」（『ショパン』二〇二一年一二月号）

入賞者記者会見のあと、前回ファイナリストの豪華メンバーで飲みに行ったという。

六　分断される審査員たち

レガートについて

「ショパンの演奏はいつも気高く美しいものでした。音という音は力強く鳴り響くときも、微妙極まる*piano*のときも、常に歌を歌っていました。そして彼は、このように滑らかで歌うような演奏を生徒にも教え込もうと骨身を惜しまなかったのです。『あの人は2つの音をつなげられないのです』と言われたら、これ以上の酷評はないと思わねばなりません」

（シュトライヒャー／ニークス『弟子から見たショパン』）

コンセンサスの不在

第一八回ショパン・コンクールのファイナリストたちは、かくも個性豊かな顔ぶれだったが、コンクールの伝統である「ノーブルなショパン像」とはかけはなれているため、審査傾向に困惑した音楽関係者も少なくなかった。音楽評論家の下田幸二は『音楽の友』のレビューで「多少強引でも個性的で聴衆を沸かす演奏には甘く、ルービンシュタイン〜ツィメルマン〜ブレハッチ〜チョ・ソンジンと続いてきたようなヨーロッパ（ポーランド）の伝統的なショパンのスタイルの追求には辛いという傾向」と総括する。

第二位に入賞した反田恭平の師匠パレチニは、次のように分析する。

「今回の入賞者はみんな個性が異なりました。それについて誰かが『今回の審査員は現代が求めるショパンのスタイルについて明確なイメージを持っていない』と言っているのを耳にしました。しかし私としては、それは『審査員がさまざまな美意識にオープンだった』というほうが正しいと思います。もちろん、ショパンに反していない限りでね」（『ぶらあぼ』）

審査員たちの間でまったくコンセンサスがなかったと語るのはヤブウォンスキである。

「こんなにも審査員が分断されていたコンクールは他に記憶がありません。2グループどころか3グループに分かれていて、そうなると、マジョリティがどの意見かの判断がつかなくなるのです。あらゆる物事の決定に再投票が必要でした。みなさんがお待ちだとわかっていても、どうしても時間がかかりました」(同前)

もっともストレスが少なかったのはもっとも若いサー・チェンだろう。一九七九年生まれの四二歳。二〇〇〇年のショパン・コンクールの第四位。このとき優勝したのが同じ中国のユンディ・リーだが、二〇一五年の審査員として招かれたものの、友人の結婚式に出席するという私的な理由で欠席したり、審査中に居眠りしたりで今回は招かれなかった。

サー・チェンも一次予選には姿を現さなかった。アーリンク明美、森岡葉、筆者によるインタビューで理由を聞かれた彼女は、次のように説明している。

「ちょっと複雑な事情で……、コンサートがあって直行便に乗ることができなくなってしまって、直行便は1週間に1便しかないので……。(あなたは今どこに住んでいるのですか?)北京《ペキン》です。香港《ホンコン》からはもっと多くのフライトがあるんですが、香港に入ると隔離が必要なので、(中略) 少なくとも4、5日前に入らなければならないので、1次予選に間に合わなくなってしまいました」

今回、香港を含む中国の予備予選通過者は二二名と一番多かった(ポーランド一六名、日本一四名)ものの、二次予選で七名(ポーランド八名、日本八名)に減ってしまい、三次予選ではファイナリストのハオ・ラオしか残らなかった。

「あなたがいたらもっと多かったかも?」という質問にサー・チェンは、「審査員の国籍は、審査にはあまり関係がないのではないでしょうか」と答えている。

初めて審査したにもかかわらず、サー・チェンの的中率はめざましかった。二次予選では、彼女がYESをつけたうちの八〇パーセントのコンテスタントが三次予選に進んだ。三次予選の採点ではほぼ本選の順位まで当てている。優勝したブルース・リウと二位の反田恭平とガジェヴがともに二四点、三位のガルシア・ガルシアが二三点、四位のクシュリックが二三点、六位のJJ・ブイが二二点、セミファイナリストの進藤実優《みゆ》が二二点、五位のアルメリーニとファイナリストのパホレッツ、ハオ・ラオ、エヴァ、イ・ヒョクが二一点。このうちファイナルに進めなかったのは進藤一人で、それも僅差だった。

「日本のファンたちが、どうしてユートン・スンが落ちたのかわからないと言っています」という質問には、「私もそう思います。私は彼にyesをつけました」と答える。「好みの違いや様々な考え方があるので、このような結果になったのでしょう。（中略）彼には大きな未来があると思います。彼はたくさんのおもしろいアイディアを持っていました。とてもポジティヴで強いパーソナリティを持っています」

牛田智大についても、「私は彼の演奏が好きでした。彼にもyesをつけました。どうして彼が落ちたのかわかりません」とのこと。

その牛田の二次予選に一四点という衝撃の採点をしたフィリップ・ジュジアーノは、サー・チェンに次ぐ若手で一九七三年生まれの四八歳。南フランスのマルセイユ出身で私の師匠でもあるピエール・バルビゼに師事した。師匠ゆずりの「楽譜に忠実」派だから、むしろ牛田の演奏は評価するはずなのだが、音質が問題だったらしい。

「力量と音楽は確かでしたが、音がときどき攻撃的だった。彼はよりエネルギーをコントロールする術《すべ》を身に着けるべきです」（『音楽の友』）

第三次予選はクシュリックとブルースに二四点、パホレッツとアルメリーニ、ガルシア・ガルシア、イ・ヒョク、ファイナルに進めなかったカンドッティに二二点をつけている。反田恭平と小林愛実への評価はいささか低く二〇点。

一九九五年のコンクールの一位なしの二位だが、自分たちのころと今の若者ではショパンの解釈が違うのは当然としながらも、「私たちはより『ショパンの演奏様式への尊敬』があった」と指摘する。

「今回のコンクールではショパンの様式というものが忘れられていました。技術的な能力の高さを見せることが、ショパンの楽譜を尊ぶ姿勢よりも優先権を持っていたのです」（同前）

しかし、ブルースの優勝についてては異論がない様子だ。

「全体を見たときにほとんどの審査員は彼が第1位だと思ったのです。たとえば『《お手をどうぞ》の主題による

牛田智大
©Fryderyk Chopin Institute

変奏曲』ですよ。速すぎるけれど、見事にコントロールされていた。まるでリストみたいに弾きました。そういう意味では、彼はほかのラフマニノフやスクリャービンだってきっとすばらしく弾くでしょう。アーティストとしての可能性の大きさを彼に感じたのです。これは大切なことです」（同前）

コンクールが「リストのような演奏家」を求めて開催されたとは思えないが。

採点方法への提言

旧ソ連ラトヴィア共和国のディーナ・ヨッフェは一九五二年生まれの六九歳。一九七五年のショパン・コンクールでツィメルマンについで第二位を得た。音楽評論家の野村光一が彼女の演奏を愛で、日本にロシアン・ピアニズムを導入するきっかけともなった。

ポーランド式の原理主義に反対の立場を取っているヨッフェは、飯田有抄によるインタビューで「今回のコンクールでは多様な演奏が多く、さまざまな議論も呼んでいるようですが、そのこと自体がショパンの音楽を巡り、連綿と続けられてきたことなのです」と語る。

「確かに、ショパンの楽譜をよく読むことは基本としてとても大切です。フレーズの作り方やアーティキュレーションや装飾をあまりに変えてしまえば、まるで外国語を間違えて話しているかのようになって、相手に意味が伝わらなくなってしまいます。（中略）

しかしここで忘れてはいけないのは、どこかに理想的なショパンのスタンダードのようなものがあるわけではない、ということです。正しいものがあって、全員がそれをコピーするだけで良いのなら、それは人間ではなくてコンピューターの仕事です」（ｎｏｔｅ『飯田有抄のショパコン日記』）

三次予選ではガジェヴと小林に二五点、反田とアルメリーニに二四点。ファイナルに進めなかったスーヨン・キムに二三点、角野隼斗《すみのはやと》に二二点をつけている。優勝したブルースへの評価はあまり高くなく、一次予選は二一点、二次予選は一九点、『ラ・チ・ダレム変奏曲』を弾いた三次予選でも二二点だった。

前回につづいて審査員をつとめた海老彰子は一九五三年生まれの六八歳。学生時代から、当時の「新即物主義」の教育で育ちながら、それを超える溢れんばかりのテンペラメントをそなえていた。

一九八〇年のショパン・コンクールでは、優勝を期待されたものの、ポゴレリチ事件の余波で協奏曲に破綻が生じ、五位に甘んじた。その人間味溢れる音楽性、強靭なテクニックで日本のピアノ界を牽引している。決まった流派ではなく、心に響く若手を応援する姿勢が一九八〇年の審査員、安川加壽子《かずこ》を彷彿《ほうふつ》とさせる。

常にコンテスタント側に身を置く彼女がコンクール事務局に出した提言は、『音楽の友』で読むことができる。

「コンクールのジャッジはざっくりしたものなのです。フィギュアスケートみたいに、たとえば、技術点、芸術点、独自性、創造性、ショパンのスタイルの5項目に分けて評価するとか、そういう方法もあるのではという提言もしました。また、コンクールとしては、審査員になった先生と生徒は、少なくともコンクール期間中はコンタクトを取らないなど規定があったほうがよいと思います。癒着を疑わせるようなことはよくありません。審査員で途中欠席などもよくないですね」

海老は、コンクール期間中にダン・タイ・ソンが門下生たちをレッスンしていることに批判的だった。また、高齢の審査員の中には、ソナタの楽章間や小品の間に席を離れる人が複数目撃されている。

海老は的中率があまり良くなく、ファイナル進出者は六人しか一致しなかった、と嘆いていた。ポーランドのヴェルチンスキやアレクセヴィチ、日本の進藤や角野、アメリカのガリアーノをＹＥＳとするいっぽう、二位の反田、五位のアルメリーニ、六位のＪＪ・ブイ、ファイナリストのハオ・ラオとエヴァ・ゲヴォルギアンにはＮＯをつけている。

もっと的中しなかったのは、ダン・タイ・ソンだ。一九五八年生まれの六三歳。採点は全体に辛めで、全ラウンド通じて二五点はいなかった。ファイナリストのうちブルースとＪＪ・ブイはS申告なので採点できないが、パホレッツ、ハオ・ラオ、アルメリーニ、クシュリック、イ・ヒョクの五名にはＮＯをつけている。

ダン・タイ・ソンもまた、ヤブウォンスキと同じく審査員が分断されたと言っ

海老彰子
©Fryderyk Chopin Institute

ている。

「ある人はこれが好きで、ある人はまったく別のタイプが好き。今回は、普通ではありませんでした。（中略）

でも優勝者についてのは、マジョリティが選んだ結果、疑問が挟まれる余地なく決まりました」（『ぶらあぼ』）

これに対して海老は「優勝についての意見は一致していたのですか？」という質問に、「そうでもないんですね。みんながみんな同じ意見だったわけではない、ということだけお伝えできると思います」と答えている（同前）。

本選後の結果発表が延びたのは、規定に従って順位点をつけたところ、優勝はブルース・リウで問題なかったが、二位が三名になってしまったからである。二名同位まではよいが、三名では賞金が足りない。

そこで採点方法を変え、予選ラウンドも含めた総合的見地から検討しつつ、一位から順に投票していったため、とても時間がかかったようだ。海老彰子によれば、八九歳と高齢のハラシェヴィチは最初の投票後に退席したので、「そのあと我々16人が体験した長い投票には関わっていらっしゃいません。人数が偶数になったので、そのあとの順位決めも、8人ずつで拮抗してしまうことが何度もありました」(同前)。

ということは、四位以下でも一回目の投票とは順位に変動が生じたかもしれない。

ブルースについてはケヴィン・ケナーが『サラサーテ』で興味深いコメントをしている。

「私はブルース・リウの優勝を主張する同僚をサポートして審査員の意見の一致を図りました。議論はないのですよ」

まるで日本的な根回しのように読めるので意味するところをたずねると、次のような回答を得た。まず「同僚」は特定の審査員ではなく全員とのことらしい。ケナー自身は当初はブルースを優勝に推していなかったが、一回目の順位投票で彼が圧倒的多数を得たため、「次の三人の順位を決めるために別の投票方式(順位ではなく多数決)で二回目の投票が行われた際、優勝者のみについての投票で私はブルースへの票を変えました。(中略)最初のインタビューではうまく伝えることができていなかったかもしれませんが、私はブルースに対する全ての同僚の総意に敬意を表したかったのです」とのこと。

ブルースを全面的に支持しているわけではないヤブウォンスキも、「この結果については、議論はありませんでした。そのほかの賞を誰に与えるかのほうに問題がありました」（『ぶらあぼ』）と証言している。

「彼については、これから学ぶ必要がある人だと思います。すばらしいポテンシャルを持っていますが、私の観点では、彼が再び勉強する地点に戻らなければ、一部の過去の優勝者のように道に迷ってしまうのではないかと思います」（同前）

高坂はる香のインタビューで「審査員のマジョリティが認めるショパニストが選ばれたということですね」と聞かれたパレチニは、「そうです、マジョリティの意見です。私の意見では、1位は該当なしでもいいのではないかと思いましたが、そうはできないルールなので」（『ピアノの惑星JOURNAL』）と答えている。

「1位のブルースは、そうなるだろうと思っていました。とても魅力的なピアニストで、聴衆も彼を好きですし、良いピアニストだと思います。彼のショパンは少し変わっていて、フレッシュというか、コンテンポラリーな方向のような気もしますけれど」（『ぶらあぼ』）

つまり、「ショパニスト」ではないということだろう。

平均年齢六五歳という審査員団の中で三番目に若いネルソン・ゲルナーは、一九六九年生まれの五二歳。結果に満足した彼は、『サラサーテ』のインタビューで次のように語っている。

「優勝したブルース・リウには、驚かされました。彼の信じられないような鍵盤支配能力、そして火花が散るようなあの感じは、グランド・スタイルというべきものでしょう。聴衆のみなさんも彼の魔法にかかっていましたね。優勝は誰の目にも明白でした。（中略）

第2位の反田恭平は、プロフェッショナルで驚くほど安定して、そしてほぼミスも無く精神的にも非常に強いと感じました。おそらくたいへんな努力家だと思います」

ヤノシュ・オレイニチャクは一九五二年生まれの六九歳。映画『戦場のピアニスト』ですべての楽曲の吹き替えを担当し、手の演技でも話題を呼んだポーランドのピアニストとして知られている。

多様化に好意的な彼は、「さまざまなピアニストたちが世界中から参加して、それぞれの個性を発揮できるところが、ショパンの音楽の魅力的なところです。私は多様な解釈の演奏を歓迎しています。7月の予備予選の前に、エントリーされた600人以上の動画を一ヶ月以上かけて審査してきましたが、それぞれの『ショパンらしさ』を追求していることが本当に素晴らしいと思いました」と語っている（『飯田有抄のショパコン日記』）。

彼の第三次予選の採点は的中率が高く、ブルース二四点、反田とエヴァ、小林に二三点、パホレッツ二二点、ハオ・ラオとクシュリックに二一点、アルメリーニとガジェヴ、それにファイナルに進めなかったスーヨン・キムに二〇点をつけている。

相反するショパン観

失意に沈んだ審査員たちもいた。審査員長のズィドロンは一九四八年生まれの七三歳。一九七五年のコンクールのセミファイナリストで、二〇〇五年に優勝したブレハッチを育てた。今回も優勝候補だったのにファイナルに進めなかったネーリングの先生。やはり門下のクシュリックは第四位とマズルカ賞を得たのだが、『サラサーテ』のインタビューでは、ファイナル中ということもあり、進出できなかったネーリングのことばかり話している。

「私が特に残念に思っているのは、ポーランドのシモン・ネーリングのことです。彼がファイナルに進まなかったということは、明らかにコンクールの損失でした。彼が時にベストな演奏ができなかったのは、彼の第3次審査までの演奏時刻が常に午前中であったためです。彼が午前中には本調子ではないということは師匠である私はよく知っています。（中略）ピアノを弾くこと自体がストレスになってしまったのが彼のケースでした」

夜型なのに午前中に弾かなければならなかったのはネーリングだけではあるまい（パレチニもその昔、一次予選と二次予選が朝九時半からで辛かったと回想している）。彼が本選にいなかったのはたしかに損失だし、ズィドロン自身、「よく知っているからネーリングを例に挙げました」とフォローしているものの、師匠が言うことではないような気もする。

ファイナリストにとどまったパホレッツの先生エヴァ・ポブウォッカは、一九五七年生まれで六四歳。一九八〇年の第五位でビドゴシチ音楽院の教授。彼女の三次予選の採点はオーソドックスで、『二四の前奏曲』で涙を流した小林に二五点、ブルースとガジェヴとJJ・ブイに二四点。

音楽学者としてただ一人審査員をつとめるジョン・リンクも小林に二五点をつけていた。ポブウォッカと同じく一九五七年生まれで、ケンブリッジ大学教授。彼は二〇一五年のケイト・リウの演奏に魅せられ、その思いを熱く語っていたが、今回インタビューした際には、小林について同じように熱弁をふるっていた。

選考結果には満足しているが、ショパンの演奏傾向にはがっかりしたとはっきり発言したのはフランスのジュジアーノだ。

「多くの参加者が楽譜への敬意という梯子《はしご》を外してしまって、まるで『彼ら自身の版』とも言うべき演奏をしていた。残念なことです」（『音楽の友』）

二〇一五年以来の自由奔放路線を推進しているダン・タイ・ソンは、「時代は変わった」と断言する。自分が参加した一九八〇年には、「これはショパンじゃない」という議論が行われていた。だからこそポゴレリチの審査についてスキャンダルも起きた。しかし、現在では保守的なポーランドの審査員すらオープンになってきた。

「インターネットのおかげで、さまざまな音楽の情報が得やすくなり、東洋と西洋のようなバリアを感じにくくなったのだと思います。昔は、アジアのピアニストにショパンを理解することは難しいと言われていましたが、今やそんなことはありません。好奇心と才能があれば、あらゆる情報が得られるのですから。

それによって、さまざまな種類のショパンの解釈に対して、私たち審査員も耳がデモクラティックになったのではないかと思います」(『ぶらあぼ』)

審査についてもっとも不満をぶちまけたのは、三次予選を採点することができなかったヤブウォンスキだった。セミファイナル期間中に指揮者ボレイコと共演するコンサートが入っており、事務局と相談してその日だけオンラインで対応しようとしたものの、最終的には欠席扱いとなったのである。

ヤブウォンスキは一九六五年生まれの五六歳。二〇〇〇年から二〇一〇年まで審査員長をつとめたヤシンスキに師事し、一九八五年のコンクールで第三位に入賞している。

webマガジン『ONTOMO』ではコンクール前からインタビューに応じ、「良いピアニストよりショパニストを選ぶ」と公言していただけに、真逆の結果には憤懣《ふんまん》やるかたない様子だった。

採点できなかったが、「私の基準からすると、セミファイナルから10人のファイナリストすら選び出せませんでした。最高で7人は選べたかな」とのこと。

「ほとんどの人が、速すぎるし、音が大きすぎるし、アグレッシブすぎた。今、このコンクールは危ない地点にいると思います。若いピアニストたちが、ショパン・コンクールに優勝するためにはこういう演奏をすることが必要なのだと思ってしまったら、どんどんそういう方向に進んでしまうでしょう。

いずれにしても、私は今回はファイナリストの選択に関わることができませんでしたので、なんとも言えません」（同前）

コンクールの出場者が前回の演奏を参考にするのはその通りだが、二〇二一年の傾向についてはむしろ反対のように感じた。二〇一五年にケイト・リウやエリック・ルーなどダン・タイ・ソン門下がよい成績を上げたためか、二〇二一年の出場者にはとてもゆっくり弾くケースが目立った。実際に予定より一時間も終了時刻が延び、昼休みが極端に少なくなって大変だったのである。優勝したブルース・リウは例外的な存在だったので、二〇二五年のコンクールではヴィルトゥオーゾタイプが増えるのだろうか。

七　天は二物を与えたまいし

演奏について

「ショパンは自分の曲を、二度続けて同じように弾くことは絶対にない。その場のインスピレーションによって、いつも違うふうに弾くのだが、この気紛れなインスピレーションというのがまた何とも魅力のあるものなのであった。彼の演奏は比類のないものだ。努力の跡がまったく感じられず、柔らかくも微妙なニュアンスを帯びた螺鈿《らでん》の光沢そのままである」

（ヒプキンズ『弟子から見たショパン』）

進藤実優

ショパン・コンクールの発表から数日たったころ、現役医学生として話題になった沢田蒼梧《そうご》のTwitterに面白い写真が載った。左からショパン・コンクールのセミファイナリスト進藤実優、エリザベート・コンクール第三位の務川慧悟、そして沢田が壁を背にして並んでいるショットだ。

キャプションには「結果発表を待ちくたびれていたときに撮れた、ワルシャワ・フィルハーモニーホールに知多半島出身のピアニストが集った世にも珍しい図がこちらです　左から大府《おおぶ》市、東浦町《ひがしうらちょう》、半田市と順に南下しています」とある。

次のツイートには三種類の地図が載り、まず日本全図で愛知県にマークが入り、ついで愛知県に特化した地図で魔法使いのおばあさんの鼻のような知多半島にマークがはいり、三番目は知多半島だけをクローズアップした地図で、大府市と東浦町と半田市がマークされている。

キャプションは「そうです、波物語フェスやらエキノコックスやらで有名な知多半島で

す　お騒がせしております」。

波物語もエキノコックスも知らなかったので検索してみた。「波物語」は、愛知県常滑《とこなめ》市で開催されていた夏の野外イベントで、二〇二一年には緊急事態宣言下にノーマスクの観客が密集し、大問題になったという。

「エキノコックス」は沢田が住む半田市のウェブ・サイトに載っていた。

「エキノコックスとは寄生虫の名前で、感染したキツネや犬の糞《ふん》に含まれる虫卵を、山菜や沢の水等を介して人が偶発的に飲み込むことにより感染します。エキノコックスに感染すると、幼虫が肝臓に寄生し、肝不全などの障がいを引き起こすことがあります。

平成26（2014）年3月に愛知県阿久比町《あぐいちょう》にて捕獲された野犬から、本州では2例目となるエキノコックスが検出されてから現在までに、知多半島で9件の陽性犬が確認されており、特に半田市では、令和2年2月、4月、令和3年2月に陽性犬が確認されています」

大府市出身の進藤、東浦町の務川、半田市の沢田が一堂に会したのはショパン・コンクールのファイナルが終わり、結果発表が翌日の二時すぎにずれこんだときで、沢田も進藤も自身のコンクールは終わっていたが、引きつづき滞在しており、反田恭平の事務所に所属している務川が聴きにきてばったり会ったのだろう。

進藤と沢田は小学校から友達で、務川は少し歳上のお兄さんという感じなのだという。

進藤はコンクール当時まだ一九歳。中学卒業後にモスクワ音楽院付属中央音楽学校（ファイナリストのエヴァ・ゲヴォルギアンも同校の生徒）に留学した逸材である。没入型で、教えようとしても教えられない独特の感性を持っている。

進藤実優
©Fryderyk Chopin Institute

とりわけ三次予選の『マズルカ作品一七』がすばらしかった。第一曲では、舞踊の要素と旋律的要素を見事に合体させ、身体が上下に弾む。明るくよく歌う音が心地良い。第二曲は、潤いのある音、息の長いフレーズで聴かせる。音の翳《かげ》らせ方が巧みで、最後の半音をたゆたわせる。第三曲では、冒頭のハ音から聞き手を引きこむ。三拍目を強調した身体の動き、中間部の軽やかなスタッカート。第四曲は入魂の演奏。最後の休符が無限の余韻を残す。『マズルカ風ロンド』もテーマが艶っぽく、左手をぽーんと跳ね上げる動きが効果的だったが、重量感を求められる『ソナタ第三番』の第一楽章では、同じ動きがやや気になった（このことは、審査員のジョン・リンクも指摘していた）。

残念ながらファイナルに進めなかったが、審査員の中には惜しむ声が多かった。

「個人的には進藤実優の独特の私的な表情には惹かれました」（ジュジアーノ、『音楽の友』）

「進藤実優さんはとてもセンシティヴで、才能のあるピアニストです。いつか彼女のコンサートを聴いてみたいと思います」（エヴァ・ポブウォッカ、『サラサーテ』）

「霧島国際音楽祭でお会いした進藤実優さんも知っています。大いに成長していたので、ファイナルに進めなかったことは残念です。日本人ばかり通すわけにはいかないという理由で落ちてしまったかもしれません。日本人は、5人もセミファイナルにいましたからね」（ダン・タイ・ソン、『ぶらあぼ』）

久保田早紀による『DAAD日本』でのインタビューによれば、中学時代は医学に興味があり、普通に高校に進学して医者になることも考えたという。中学三年のとき、講習会で習った先生にロシアへの留学を勧められ、真剣に考えるようになった。

モスクワ音楽院付属中央音楽学校では寮生活。ロシア語がほとんど話せない状態で留学したので苦労したが、音楽と同様、語学の勉強にも力を入れ、友達とのコミュニケーションから日常会話を学んだ。

「歌が好きなので、曲の歌詞を聴いてそのフレーズの言い回しを覚えたり、好きな女優さんのインタビューや映画などを観て言葉を覚えていったりするとスルスルとその言葉が入ってきました」というから、語学の才能にも恵まれている。

ショパン・コンクールの予備予選前に同音楽学校を卒業。二〇二二年春からはドイツに渡り、ハノーファー音楽大学で名伯楽アリエ・ヴァルディに師事している。国際人としての成長が楽しみだ。

沢田蒼梧
お医者さんを夢見ていた進藤はピアノの道に進んだが、沢田蒼梧は現役の医学生。二一歳から音楽教室に入り、六歳でピアノを習い始める。一五歳のとき二〇〇五年のショパン・コンクールで第四位に入賞した関本昌平に師事。喘息《ぜんそく》の治療をきっかけに医学の道を志すも、練習環境のことを考えて地元の名古屋大学医学部に進学したという。医学と演奏を両立させ、ジュネーヴ国際コンクールや仙台国際コンクールにも出場している。

冒頭のツイートでもわかるように、沢田蒼梧はなかなか面白いキャラクターだ。予備予選前に行われた森岡葉とのインタビューではこんなやりとりがある。

「お笑いとか漫才とか落語がお好きだそうですね」

「はい。お笑いはずっと好きですね。漫才見るのは本当に好きで、［テレビの］番組も見ますし、どちらかというと、まだテレビに出ていないような、そういうのを発掘してくるくらいのマニアというか、そういう感じですね、どちらかというと」

演奏は、医学生のイメージに似合わぬロマンティックなスタイルで、一次予選のメモには「リズム系が上手《うま》く、ドラマティック。クールな風貌との落差」と書いている。

『ノクターン作品二七－二』は霊感に満ちた演奏。テンポを大きく揺らし、細かい音が美しい。『練習曲作品二五－六』は左手が雄弁で、三度のフレージングがうまい。『練習曲作品一〇-四』も音の粒がクリアでハーモニーがよくわかる。このラウンド、ダン・タイ・ソンはなんと二四点をつけている。

第二次予選は『アンダンテ・スピアナートと華麗なる大ポロネーズ』で開始。序奏は優しい音で弾かれ、ポロネーズのリズムはよく弾むが、やや一本調子。『舟歌』もしなやかな好演だったが、ワルツ、スケルツォと少しミスが多くなった。

沢田蒼梧
©Fryderyk Chopin Institute

自分も音楽学と演奏の二足のわらじを履くジョン・リンクは、どうしても確実性を生むトレーニングのための時間が不足すると理解を示していた。しかし、沢田本人は「他のコンテスタントと比べて練習時間が確保できなかったとは思っていません」(『ショパン』二〇二一年一二月号)と反論する。

少し前に「医学生のイメージに似合わぬ」と書いたが、これは一九五〇年代にピアノの稽古を始めた世代特有の偏見かもしれない。

我々のころは、知性と音楽性は相反するものととらえられており、頭脳明晰《めいせき》すぎると情熱的な演奏ができないとされていた。私がフランス留学を経て東京藝大の博士課程に再入学したときも、「演奏家に博士号なんかいらない」「理屈をこねすぎると演奏がつまらなくなる」などと言われたものだ。

現在ではそんな偏見もなくなり、麻布《あざぶ》高校から東京藝大に進んだ指揮者の鈴木優人《まさと》もいるし、医師免許を持ちながら研修医になる寸前で演奏に専念する決心をしたヴァイオリニスト、石上《いしがみ》真由子もいる。

角野隼斗

すでにYouTuber「かてぃん」として有名な角野隼斗は、音楽と工学という意味でも、クラシックとジャズ・ポップスという意味でも、二足のわらじを履いている。

進学校で知られる開成中学・高校から東京大学理科一類に進学。母はピアノ教師で、子供のころから金子勝子（牛田智大の先生でもある）についてピアノも習い、「東大ピアノの会」に所属。いっぽうで「東大ＰＯＭＰ」（バンドサークルで舞踊評論家の鈴木晶《しょう》が顧問だという）に所属し、学園祭などでジャズライヴにも参加した。

専門を決める三年次に工学部計数工学科数理情報工学コースに進学し、音声情報処理について研究する。人工知能の機械学習を音源分離に用いる研究で卒論を書いた。大学院修士課程では、機械学習を用いた自動採譜と自動編曲について研究。

大学院在学中の二〇一八年にピティナ特級グランプリを獲得。その年の秋から、ブーレーズが創設したパリの「ＩＲＣＡＭ（音響音楽研究所）」に留学。その際にピアノをパリ音楽院ピアノ科のクレール・デゼールに師事したのがきっかけで、ジャン＝マルク・ルイサダの指導を受けることになる。

角野隼斗

このような経歴のためか角野はフランスで人気が高く、フランス在住の音楽ジャーナリストによれば、彼が本選に進出できなかったのはコンクール最大の汚点だと異議を唱える音楽関係者、ピアニストがたくさんいたという。これも配信のなせるわざだ。

YouTuberとしての活動は二〇一九年春ごろからで、クラシック、ゲーム、ポップス、ジャズなどジャンルを問わないさまざまな楽曲を自ら作曲・編曲・演奏して投稿。二〇二二年七月現在でチャンネル登録者数一〇一万人、総再生回数も一億二〇〇〇万回に達した。

筆者も、YouTubeで猫柄のシャツを着て膝に猫を乗せたまま『大猫のワルツ』を弾いている動画（にこりともしない――当たり前だが――猫がかわいい）を見たことがあり、角野の舞踊系は大好きだ。

特に第二次予選で弾いた『ワルツ作品一八』はすばらしかった。リズムがよく弾み、連打もよく歌い、楽しそう。くり返しで変化をつけるところなどショパンを彷彿とさせた。『マズルカ風ロンド』も煌めくピアニズムが印象的だ。長調と短調の移り変わりも良い。『バラード第二番』は、バルカローレ部分の転調が美しかったが嵐部分はやや重量感不足。第三次予選の『マズルカ作品二四』も、パリでルイサダに習ったというだけあってチャーミングだったが、もう少し音に翳りがほしいような気もした。

時間空間の組み立てが秀逸で、第二次予選の『英雄ポロネーズ』や第三次予選で弾いた『ソナタ第二番』では、内声の出し方、積み上げ方など全体のプランがよくわかる。逆に『幻想ポロネーズ』は、もっと意味不明のところがあっても良かったかもしれない。

ピティナの育英・広報室長、加藤哲礼《あきのり》のインタビューに答えてこんなことを語っている。

「2次予選はもともと、とても楽しみなステージで、ワルツ、ポロネーズ、マズルカ風ロンドもそうですが、自分の好きな曲で、かつリズム感が活かせるような曲が多かったので、それは単純に楽しみにしていました。だから、2次のときにすごくこう、何か楽しい感じになりましたね。1次も楽しいといえば楽しかったですけど。それに比べたら、3次は出る前にちょっと『なんで俺は幻想ポロネーズなんか弾くんだ』という気持ちにもなったりしてたんですけど、実は（笑）」

審査員の中には、YouTuberとしての「かてぃん」に注目する向きもあり、即興もジャズも披露する彼が、正統的なコンクールでどんな演奏をするのか興味津々のようだった。

比較的若い世代に属するサー・チェンは友達から教えられ、コンクールで実演に接する前にYouTubeを見たという。前述のインタビューに答えて「YouTubeを聴いたとき、彼がこれほどクラシック音楽を表現できるとは思っていませんでした」と語っている。

「第2次予選の演奏はすばらしく、私は好きでした。才能にあふれたピアニストだと思います。ステージで、のびやかに自分のアイディアを表現していました。すべてが自然な呼吸で、リラックスして演奏していて好感を持ちました。ただの『私はパフォーマー』というジェスチャーではなく……、私は彼の演奏を楽しみました。彼の才能を感じるとともに、彼のさまざまなアイディアもおもしろいと思いました。とても自然に提示されていて……。でも、第3次予選の彼は、ステージでもがき苦しんでいるように感じました。ソナタ第2番では、彼の真価を発揮できなかったように思います。私は彼の演奏の背後のアイディアを理解することができましたが、それを演奏で表現することはできませんでした。心地よくピアノに向き合っている感じではなかったですね。第2次予選の方がよかったと思います」

　前出のピティナのインタビューによれば、第二次予選の角野には、これまで積み上げてきた即興演奏や編曲の経験が「クラシックの楽譜どおりの演奏の世界にどのくらい活きるのかというひとつの実験という感覚があった」らしい。ここで、普通のピアニストでは考えられない驚くべき勉強方法が明かされる。三次予選のマズルカも含めて舞踊系の曲を練習するときは、まずその場でマズルカ風の曲を弾いてみてリズムを感じたり、「あたかも自分でしゃべっているかのように弾く」方法をあれこれ考え、自分なりの落としどころをみつけた。

実験はうまくいき、音楽評論家の高久暁《たかくさとる》も「他のコンテスタントにはほとんど聞くことのできない即興性や戯れの感覚」（『ショパン』二〇二一年一二月号）を高く評価している。

角野の第二次予選は好調で、ＹＥＳが一〇名いた。審査員長のズィドロンが二四点、ハラシェヴィチが二三点、サー・チェン、ジュジアーノ、ゲルナー、ケナー、ヨッフェの五名が二二点をつけている。しかし、第三次予選の採点は、ＹＥＳはヨッフェが二二点、モレイラ＝リマと海老が二一点で三名、ＮＯは一三名（一名は欠席）だから、合格できる状況ではなかった。得点の上下点を修正した平均点も一九・〇七。合格最低ラインは二〇・二〇だったから、こちらも届かない。

筆者が角野の三次予選を聴いて一番気になったのは、音質だった。高坂はる香のインタビューによれば、以前にフォルテやフォルティッシモを弾くときに「音が直線的になりすぎてしまう、そのために音が硬くなってしまう」(『ONTOMO』)という指摘を受けたことがあり、コンクール一年ほど前から姿勢や体重の乗せ方などベーシックなことについて考え、半年ほど前からは音色のヴァリエーションについても考えるようになったという。

「どういう手の使い方をすればどのような音が出るのかを分類して、それを意識的にコントロールできるよう心がけました。今年の8月にオーケストラと3回共演する機会があって、そのなかで、音を響かせられるようになっていきました」(同前)

しかし、実際に会場で聴くと、楽器を鳴らす、響かせる、音色を弾きわけるなどの点でもう少し熟成したものがほしいと感じた。

いかに自然な表現をしていくか

ボーダレスに活動してきた角野が、クラシックのコンクールでも保守的なショパン・コンクールを受けるにあたっては、さまざまな葛藤もあったようだ。

『朝日新聞』編集委員の吉田純子のインタビューに答えて、こんなことを語っている。

「クラシック以外のいろんな音楽もやってきた分、知らず知らずのうちに、混じってはいけない要素が自分の音楽に混じってしまっているんじゃないかとか、本当に僕がここでショパンを弾いていいのかとか、いろんなことを考えてしまって、怖くて、不安でたまらなかった。頭では、そんなことを考える必要はないってわかってはいるんですけど」

ここで思い出すのは、ワルシャワ時代のショパンである。ウィーンでの演奏旅行が大成功し、故郷で凱旋《がいせん》公演を待っている間、ショパンは金縛りのような状態に置かれた。ウィーンで喝采を博した『ラ・チ・ダレム変奏曲』（ブルース・リウが大成功した楽曲だ）を演奏する予定にしていたが、恐ろしくなって延期し、小さなホールでは自分の作品ではなく、「失敗する可能性の少ない、得意な即興演奏」（『決定版 ショパンの生涯』バルバラ・スモレンスカ＝ジェリンスカ著、関口時正訳、音楽之友社）を披露したという。

当時大流行していた『百万長者のお百姓、あるいは不思議の国から来た少女』をもとにした音楽喜劇の一節「おつむをでこでこ飾ったあの奥方は？」をテーマに即興演奏をくりひろげると、大喝采を浴びたが、新聞雑誌は名人芸を賞賛しながらも、次回はショパン自身の作品の演奏を聴きたいと書いた。

即興演奏が得意だったショパンは自作ですら、すでに楽譜に書かれた作品を弾くときは緊張して逃げ出したくなった。ましてや他人の作品においてをやである。

角野には、工学の分野で研究に従事していた立場ならではの逡巡《しゅんじゅん》もあった。

高坂はる香のインタビューの中に非常に興味深い発言がある。

「僕は3年前までアカデミアの世界にいました。そこでは、これまで世界で何がなされたかを調査したうえでの新規性がないと、ひとつの論文すら認められません。今まで積み上げられてきたものに、自分が一つ付け足す、それが客観的に見て明らかに新規性があるということが、もっとも重要視される部分です」（以下『ＯＮＴＯＭＯ』）

学問の分野では常に新規性を求められるのだが、演奏というものを考えた場合、ショパンのようにすでにあらゆる解釈があり、古今東西の名盤も出ているものに自分がこれ以上いったい何をつくり出せるのかと思い、途方に暮れてしまったらしい。

これは、筆者が音楽学を学んでドビュッシーで博士論文を書いたときも体験したことだ。演奏の世界にいる者は、普通はあまりオリジナリティを尊重しない。学生時代は伝説のピアニスト、当時の有名ピアニスト、先生や先輩たちに憧れ、あのように弾けたらよいとひそかに奏法を真似したりするものだ。

音楽ジャーナリズムも二番煎じが大好きだ。二〇二二年四月に亡くなったラドゥ・ルプーが初めて日本に来たとき、宣伝文句は「リパッティの再来」だった。同じルーマニア出身だからだろう。ブカレスト音楽院での最初の先生もリパッティが敬愛したムジチェスクだったが、その厳しさをルプーは嫌い、三ヶ月しか師事しなかった。そういえば、グレン・グールドがコロンビア・レコードに売りこまれたときのキャッチフレーズも「リパッティの再来」だった。

しかし、学術論文を書くときは他の誰も手をつけていないテーマを選び、オリジナルな視点を加えなければならない。ピアノを弾くときも、何をどう弾いても人と違うと言われつづけた筆者にとってはむしろ、人と違っていてよいというのは救いだったのだが。

学問の世界に身を置いていた角野としては、「過去にはこれとこれとこれがあるけれど、まだこれがないから新しい」と学術的に他人と違う解釈を編み出すことも可能だったろう。しかし、インプロヴィゼーションを体験している身としては、「1回目はこの内声を出して2回目はこの内声を出す」というような、事前につくりこむアプローチはあまり好きではなく、その場のひらめきにかけたいという思いが強かったようだ。

「それでは自分はどうしようと立ち返って考えたら、個性なんていうものは自然と出るものだから、無理して出す必要はない、自分が一番自然に表現したいものを出したとき、それが結果的にその人らしく聴こえるのではないかと思うようになりました。一周回ってそう考えられるようになったのが、8月くらい。いかに自然な表現をしていくかを、そこからは追求していきました」

なんと、ラザール・レヴィなど「新即物主義」の先生たちの言うことはまさにそのとおりで、楽譜どおりに弾いてもおのずからにじみ出てくるものが個性、という考え方だ。即興演奏家としてどんな斬新なショパン演奏もできる角野が、まわりまわって昔ながらの「新即物主義」に行きついたというのも面白い。

ジャズを弾くクラシックの演奏家もクラシックを弾くジャズの演奏家もいるが、どちらにも壁がある。ジャズ・ピアニスト大西順子の取材をしたとき、彼女がクラシック教育の最難関で知られる東京藝大附属高校を受験しようかと思ったという話を聞いたことがある。小学生のころからショパンの『三度の練習曲』も弾けたのでテクニックは問題なかった。断念した理由は、やはり楽譜どおり弾くことへのストレスだったという。

そこで、即興もするトルコのピアニスト、ファジル・サイの話をしたら、大西は即座に、彼は自分たちの世界ではジャズ・ミュージシャンとは見なされていない、と言った。同じことはフリードリヒ・グルダにもいえるが、グルダがハーモニーやスウィングにこだわったのに対して、サイにはそういう気配も見られないとのこと。即興するからジャズとは限らないらしい。このあたり、クラシックしか知らないとまったく判断がつかない。

ショパン・コンクールに参加するにあたって、「クラシック・ピアニストとしてのキャリアを得たい・・・という一般的な目標とは少し自分が違う場所にいるような気がしました」（『時事ドットコム』道下京子によるインタビュー）、と角野は語る。角野のようなボーダレスな存在が参加することによって、コンクール自体もさまざまな問題をつきつけられ、クラシックがかかえる根源的な矛盾があぶり出されたように思う。

この項を執筆しているとき、テレビ朝日『題名のない音楽会』に角野が出演していた。スタインウェイのピアノの他、トイピアノや鍵盤ハーモニカ、キーボードとさまざまな楽器を駆使して、自分がアレンジしたガーシュウィンの『ラプソディ・イン・ブルー』のソロ版を披露する。膝を上下させ、楽しそうに弾いている。

最後に、自分で改造したアップライトのピアノでショパン『協奏曲第一番』の第二楽章をアレンジしたものを弾いているのが印象的だった。

アップライトのダンパーは、ピリオド楽器のコンクールで出てきたブッフホルツやグラーフと同じメカニズムだ。そのままの厚さだと音がこもりすぎるので、薄いフェルトを使い、鍵盤ごとに独立した動きになるように切れこみを入れたという。

銀灰色のような音色が、ショパンがレッスン室に置いていたというピアニーノを連想させる（筆者も、フランス滞在中にノアンのサンドの館に置かれているピアニーノを弾いたことがある）。

「クラシック音楽を土台として、周辺のジャンルを巻き込み、自分の音楽を作っていく」（同前）という角野の今後が楽しみだ。

八　プレッシャーと戦ったポーランド勢

フレージングについて

「ショパンが何よりも弟子に注意するように言っていたのは、適切なフレージングということだった。フレージングがまずいと、彼は好んで次のような喩《たと》え話を持ち出してくるのでした。

『そのようにすると、まるで知らない外国語なのに、苦労して暗記して演説をぶっているようなものじゃありませんか。音節の自然な長短はきちんと守られていないし、言葉の真ん中で途切れたりするんですからね。だいたいフレージングも満足にできないようなら、音楽家失格ですよ』」

（ミクーリ『弟子から見たショパン』）

ひげクマくん

ショパン・コンクールはポーランドで開催されるコンクールで、国民の関心事は当然のことながら自国のコンテスタントの活躍にある。我が国でも浜松国際や高松国際、仙台国際コンクールが開催されており、日本人もたくさん出場するが、ワルシャワほどの熱気に包まれることはないし、日本人出場者が国を背負うプレッシャーにさいなまれることもないような気がする。

ポーランドからの優勝者としては、今は亡きハリーナ・チェルニー＝ステファンスカ（ソ連のベラ・ダヴィドヴィチと同率）、審査員をつとめるアダム・ハラシェヴィチ、クリスチャン・ツィメルマン、ラファウ・ブレハッチと四人しかいない。初期のショパン・コンクールでは旧ソ連対ポーランドの図式があり、ハラシェヴィチが優勝し、ソ連のアシュケナージが二位に甘んじたことを不満としたベネデッティ＝ミケランジェリが、順位の認定書にサインせずにワルシャワを去ったこともあった。

あまりに応募者が多いので、一九九五年からはＤＶＤ審査を採用することになった。二〇〇五年はいったん廃止されたが、二〇一〇年に復活。このとき、優勝したアヴデーエワがDVD審査で落とされていて、彼女を高く評価するフー・ツォンが抗議を申し入れた結果、復活するという事件も起きた。DVD審査はポーランド人審査員のみでとりおこなわれるため、自国のコンテスタントの脅威になりそうな逸材はあらかじめ落としておくのだ、などとまことしやかな噂《うわさ》が流れたこともある。

予備予選と違って審査が公開されないため、真偽のほどはさだかではないが、二〇一五年の予備予選を現地で視察した印象では、ポーランド人コンテスタントの中には、ステージで聴くと少しレヴェルの落ちる人も見られたから、ある程度の「お目こぼし」（取材陣は「ポーランド枠」と呼んでいる）があるのだろう。

しかし、二〇二一年のポーランド勢は非常にレヴェルが上がり、実力で勝ち上がったコンテスタントが多かったように思う。筆者はたまたま日本人コンテスタントの予備予選の配信を聴いていて、アルファベットのKつながりで出てきたヤクブ・クシュリックの演奏に心惹かれた。

柔らかく、たっぷりした音で悠揚迫らざる音楽を奏でる。派手さはないが、内省的な演奏に好感を持った。技術的にも優れ、『練習曲作品二五－四』『同作品二五－一一』を余裕しゃくしゃくで弾く。前者は跳躍系で、ひとつ跳びそこねると的中率が格段に下がる難曲。後者は「木枯らしのエチュード」と呼ばれ、右手は強靭なフィンガーテクニックが求められ、左手は広い音域にまたがり、スタミナも必要な最難曲だが、クシュリックの大きな掌でわしづかみにするとなんでも弾けてしまう感じだ。かと思うと、『マズルカ作品三〇－三、四』ではそこはかとない寂しさを漂わせる。大器だと思った。

ヤクブ・クシュリック
©Fryderyk Chopin Institute

　コンクールのウェブ・サイトで情報を得ようとしたがなかなか見つからない。動画では髭面に眼鏡の巨大な体軀（私はひそかにひげクマくんと呼んでいた）だが、公式写真は髭も眼鏡もなく、大リーグの大谷翔平《しょうへい》に似た爽やかなイケメン。コンクール随一の「宣伝写真と実物が違う」系だろう。

写真が違うだけではなく、公式プログラムに記載された曲目も違う。予定では練習曲は『作品二五－四』とともに『作品一〇－四』、曲は『バラード第一番』を弾くことになっていたが、実際に弾いたのは「木枯らし」こと『作品二五－一一』と『幻想曲』。

ビドゴシチ音楽院でカタジーナ・ポポヴァ＝ズィドロンに師事し、二〇一六年のパデレフスキー国際コンクールで第二位（優勝は韓国のイ・ヒョク）に入賞しているが、今回の予備予選免除対象は二〇一九年の同コンクール（カミール・パホレッツが第二位）なので最初からの出場になったらしい。

一次予選では練習曲をがらりと変えて『作品二五－六』と『一〇－四』。前者は柔軟系で後者はフィンガーテクニック系。予備予選と同じく真逆のタイプを見事に弾きわけてみせる。リズム物も得意で、二次予選の『ワルツ作品三四』の三曲はすばらしかった。『バラード第二番』も難しい曲だが、楽々と弾いている。嵐の部分もヒステリックにならないのがよい。

三次予選の『幻想曲』でも、宗教的な雰囲気のコラールとリズミックな行進曲を弾きわけ、審査員のケヴィン・ケナーが「とても印象的でした。あの曲はダンスとドリームのバランスがとても難しい曲なんです。タッチもタイミングも音のバランスが絶妙でした」と絶賛している（『サラサーテ』）。

　やはり三次予選で弾いた『マズルカ作品三〇』はマズルカ賞を受賞しただけあって、味わい深い演奏だった。第一曲は、もの寂しいメロディを左手で支え、付点音符で着地させる。二拍目と三拍目の間に情緒が漂う。第二曲は同じ音形を積み重ね、絶え間なく変化するハーモニーで怒りと無力感を表現する。一転して第三曲は重量感と躍動感に満ちている。第四曲の懐疑的な始まり方がたまらない。三度のメロディでたっぷり悲哀を歌い上げる。最後はうらぶれて悲しく、奈落の底に半音階的に落ちていく。締めくくりのアッコードは非常に虚無的だった。この人はマイナスの感情を表現するのがうまい。

『ソナタ第三番』は少しプレッシャーがあったか、カンティレーナもフォルテもあまり音が飛んでこないのが気になった。

　クシュリックは無事ファイナルに進出したわけだが、コンクール後に『ショパン』（二〇二一年一二月号）のインタビューに答えてこんなことを語っている。

「私たちは皆、小さい時から、親やピアノの先生たちに『あなたは、とても才能があるので、将来はワルシャワフィルハーモニーで行われるショパンコンクールに出場して、入賞をして……』というような言葉を言われ続けてきました。そのような事もあり、ショパンコンクールに出場できるという事は、ポーランド［の］ピアニストにとっては名誉でもありますが、一方ではプレッシャーもかなり大きいのです」

過去のポーランドの覇者たち、一九七五年のツィメルマンも「自分自身がつぶされそうな思い」（『音楽の友』）でステージに立ち、二〇〇五年のブレハッチも、あまりのプレッシャーに頬はこけ、目の下にクマをつくっていたという。

そのプレッシャーをもろに受けてしまったのが、二〇一五年のファイナリスト、シモン・ネーリングだった。

取材拒否の二人

初めてシモン・ネーリングの演奏を聴いたのは、二〇一五年四月のショパン・コンクール予備予選の折で、体格の良い元気な男の子という印象だった。『幻想曲』では左手の暗譜が飛んでしまい、それでも合格したのでびっくりしたことを思い出す。

秋の本大会では格段に進歩していて、第一次予選では『幻想曲』を見事に弾き、『練習曲作品二五－四』のキレの良さも印象に残っている。

順調に本選に勝ち進み、入賞こそならなかったが、『協奏曲第一番』では、審査員長のポポヴァ＝ズィドロンから、「ポーランドの民族舞踊クラコヴィアクを完全に咀嚼《そしゃく》して演奏した」と評価された。

その後ネーリングは二〇一七年、テルアビヴで開かれたルービンシュタイン国際コンクールで優勝したので、ショパン・コンクールの予備予選は免除になった。審査員長のズィドロンに師事し、満を持しての再挑戦だったはずだが、どうも様子がおかしい。

二〇一五年の元気な男の子は、とても繊細でナイーブなピアニストに変身していた。第一次予選は配信で聴いた

シモン・ネーリング
©Fryderyk Chopin Institute

のだが、『バラード第四番』を弾いているときのすごい汗にびっくりした。テーマのゆっくりな部分を弾くときから額に玉のような汗が浮かび、鼻の先端から鍵盤に滴り落ちる。激しい部分では噴水のように吹き上げていた。

音楽も深く内向していくもので、一音一音の表現にこだわり、進化しようとする熱意に打たれたものの、前回のような勢いがない。首をかしげていたら、ある審査員から、彼はポーランドの期待を一身に背負って大変なプレッシャーと戦っているのだと知らされた。

公式動画配信では、楽屋から映し出される。ネーリングはステージへの階段をのぼる前、壁に額を押しつけてずっと沈思黙考していた。その姿が何か痛々しく感じた。

第二次予選もずっと下降のディナミズムだった。憂愁に満ちた『即興曲第三番』、始終沈みがちで発散しない『幻想ポロネーズ』。悲しそうな『ワルツ作品六四－三』。最後は盛り上げたものの、もう少しキレと華やかさがほしかった『アンダンテ・スピアナートと華麗なる大ポロネーズ』。

第三次予選の『ノクターン作品六二－二』も下降のディナミズム。ペダルが多くて滑舌がはっきりしない。『スケルツォ第四番』はテンポが速く、焦っているようだった。

審査員のジュジアーノが「マズルカ賞」を出してもよかったと語っていた『マズルカ作品五六』は繊細なつぶやきが美しく、民族舞踊風のリズムも魅力的。とりわけ、始終表情が変わる第三曲は感動的だった。

最後の『ソナタ第三番』は昔のネーリングが戻ってきたようなキレの良い演奏だったが、演奏後はインタビューに応じず、プレスエリアで待っていた取材陣は騒然となったという。

パホレッツも取材拒否組。二〇一八年ピリオド楽器のコンクールですばらしい演奏をしていたのに『ソナタ第三番』の終楽章で混乱を起こして本選に進めなかったものの、二〇一九年のパデレフスキー国際コンクールで第二位に入り、ネーリングとともに予備予選免除となった。

カミール・パホレッツ
©Fryderyk Chopin Institute

　今回のパホレッツへの興味のひとつに、ピリオド楽器コンクールの出場経験がどのように活かされるかというのがあった。たとえばルバート。第一次予選の『ノクターン作品二七－二』では、左手と右手を微妙にずらすフォルテピアノ寄りのルバートでとても心地良かった。

いっぽう、『練習曲作品一〇－四』の左手はやや苦労していて、鍵盤の軽いフォルテピアノで弾いたらもっと指さばきが楽だったのではないだろうか。奏法の違いもある。『練習曲作品二五－一〇』や『舟歌』のオクターヴ部分など、モダンピアノを弾く場合は、もう少し肘や腕を柔らかく使ったほうがスムーズに運ぶのではないかと思うところもあった。

第二次予選も『ポロネーズ嬰へ短調』は大きな音楽づくりで良かったし、『即興曲第二番』は右手の装飾的パッセージが美しかった。この人の良さは左手がしっかりしていることで、『ワルツ作品六四－二』と『同六四－一』でも活き活きと弾むリズムを楽しんだが、『ワルツ作品三四－三』ではオクターヴの音を派手に間違えてしまった。『スケルツォ第二番』はややテンポが速すぎ、クライマックスは迫力不足だった。

第三次予選はピリオド楽器のことがあるのでハラハラしながら聴いていたが、この日は調子が良かったようで、『ロンド作品一六』『マズルカ作品三〇』と順調に弾き進み、問題の『ソナタ第三番』。第一楽章の主部は少し弾きにくそうだったが、第三楽章はゴンドラのリズムに乗ってよく歌う。第四楽章に入ると、筆者はもう先生の気分。前回ミスが出た箇所に近づくにつれて心臓がドキドキ、何とか無事に通過してくれますようにと祈るような思いだったが、見事に弾ききり、本人も満足そうな表情を浮かべていた。

結果が発表されて、パホレッツとクシュリックは本選進出を決めたが、リストにネーリングの名前はなかった。師匠のズィドロンは、心痛のためか、発表会場に姿を現さなかった。

「個性」を前面には出さないが……

ワルシャワで開催されるショパン国内コンクールで優勝したため予備予選免除だったピオトル・アレクセヴィチは、公式写真と違って眼鏡をかけているのがハリー・ポッターそっくり！とネットで話題になっているらしい。

音がとても美しく、二次予選ではワルツも『ポロネーズ嬰へ短調』も『バラード第四番』もすばらしかったのだが、三次予選の『二四の前奏曲』は個々の楽曲にこだわるあまり、少し流れが悪くなってしまったように思う。

やはり三次予選で『二四の前奏曲』を選んだマテウシュ・クシジョフスキは、長身のイケメンピアニスト。ゆったりしたテンポを取り、豊かな表現力で前奏曲ごとに弾きわけていたが、第一六、一九、二四番などで少しミスが出てしまったのが悔やまれる。

第二次予選ではアダム・カウドゥニスキの演奏が好きだった。長髪を後ろで結び、哲学的な風貌。美しい音でしなやかに弾き、『ワルツ作品六四－二』のリフレインが素敵だった。『舟歌』も左手のリズムと右手のメロディの絡みが絶妙だったが、コーダ部分でややミスが多くなったかもしれない。

せっかく第二次予選に進出したのにステージに現れなかったコンテスタントもいた。マルチン・ヴィツォレクは何かの理由で最後にまわり、ブルース・リウのあとで演奏するはずだったのに棄権してしまった。

ステージで聴くことができなかったので配信を観てみた。

長身痩軀で「ピアノの詩人」のイメージ。予備予選の『バラード第一番』では、ひとつひとつのフレーズを大切に、思い入れたっぷりに弾き進んだが、提示部が終わったところで推移部分にはっきり目立つミスがあった。

技術的な正確さより音楽の流れを重視するタイプのようで、第一次予選の『練習曲作品一〇－一』もあちこち引っかけながら勢いで進む。『練習曲作品一〇－一〇』は内声と外声の呼び合いが美しかった。『ノクターン作品六二－二』ではメロディをくっきりと歌い上げる。『スケルツォ第二番』も弾きとばしが目立つもののメリハリの効いた演奏。客席からブラヴォーとともに盛大な拍手が上がっていた。審査員の評価は必ずしも高くはなかったが人気の出そうなピアニストだ。

棄権理由は病気ということだったが、ある審査員によれば、バックステージまで来ていたのにステージに出てこられなかったとのこと。

国を挙げてのコンクールで、ポーランド人コンテスタントたちにのしかかるプレッシャーの一端を知り、胸の詰まる思いがした。

ポーランド勢では、平均点だけいえばアレクセヴィチがハオ・ラオと並んで二〇・二二。むしろイ・ヒョクの二〇・二〇を上回っていたのだが、別の法則が働いたのだろうか、ファイナルに進めなかった。ダン・タイ・ソンが本選中のインタビューで、「彼はピアノはよく弾くが、ショパニストではない」と言っていたが、承服できない。

結局、パホレッツとクシュリックだけが協奏曲を弾くことになった。

ブラームスを弾いたら合いそうなクシュリックとピリオド楽器向きのパホレッツでは対照的だ。コンクール後、クシュリックは『サラサーテ』のインタビューで「ピリオド楽器で演奏したことはありますか」と聞かれ、「8月に一度弾いてみました。（中略）いくつかの作品ではとても自然な音がしました。特にマズルカで顕著に感じました。作品によってはあまり良い音がしないこともありました」と答えている。

二〇一五年にワルシャワ・フィルを振ったカスプシクはやや音が分厚く、チョ・ソンジンですらピアノの音がときにオケに埋もれた。今回のボレイコはコンテスタントに応じてバランスを変える気配りの指揮者だったし、パホレッツの音も細いがよく通る音ではあった。しかし、やはりオケが厚くなるとかぶってしまう。第二楽章のカンティレーナですら音量不足と感じた。彼の協奏曲は一八世紀オーケストラと聴きたかった。

いっぽうのクシュリックは、音がたっぷり出るしリズム感も良く、歌心もあり，バランスの取れたピアニストだ。個性派ぞろいのファイナリストの中では、ややおとなしく聞こえるかもしれないが。

第一楽章は和音が立派で単音もキラキラしている。テーマはバスを強調し、よく伸びる音で気持ちの良い歌い方。指先のテクニックもあり、レジェリッシモは軽くて速い。みなが苦労する重音も柔らかく処理。展開部はよりしなやかになる。技巧的な部分も先走りせずオケと歩むところが良い。

第二楽章。アーフタクト（弱起）からしっとりとつゆを含んだ音で、テーマを歌い上げる。ヴァリエーション部分では音をたっぷり出して濃密に歌う。フェルマータのあと、このコンクールでは珍しく、エキエル版のヴァリアントをつけて弾いていた。

第三楽章は、明るく艶のある音でロンド主題を弾き始める。嬰ハ短調の三連音符も、快速だが音の粒立ちが良い。副主題はスタッカート、レガートと変化をつける。最後までキレの良いタッチで弾ききり、盛大な拍手を浴びた。

クシュリックは小林愛実とともに第四位でマズルカ賞を得た。

『ショパン』（二〇二一年一二月号）のインタビューの最後に、「今回のコンクールで感じたのは、何よりも個性のようなものが重要だと思いました」と語っていたが、彼のように「個性」を前面に出さないタイプも貴重だと思う。

九　動画配信の落とし穴

――ネット時代の新たな問題点

即興演奏について

「グジマワと一緒に帰りながら、私たちはショパンの話をした。ショパンの即興演奏には、完成された作品よりももっと大胆なところがある、と言う。おそらくそこには、素描《エスキス》と完成された絵との関係にも似た事情があるのだろう」

（ドラクロワ『弟子から見たショパン』）

「彼がピアノに向かって即興演奏を始めると、人々は喩えようもない歓喜の情に包まれる。そのとき彼はもはやポーランド人でも、フランス人でも、ドイツ人でもない。モーツァルトやラファエロやゲーテの国から来た、もっと高貴な素性の人なのだ。彼の本当の祖国は、夢の詩の王国である」

（ハイネ『弟子から見たショパン』）

配信への〝記録的な〟関心の高さ

コンテスタントたちの活躍ぶりはインターネットを通じて世界各国に配信された。日本とポーランドの時差は七時間あり、現地時間で一七時に開始する午後の部は、日本では明け方までつづくのだが、眠い目をこすりながら見ていた方も多いことだろう。

「かてぃん」こと角野隼斗はYouTubeの配信で世界中にファンを獲得しているが、第一八回ショパン・コンクールもまた、4Kカメラ六台を駆使し、臨場感溢れる動画配信によって全世界で聴衆を魅了した。

『日本経済新聞』によれば、第二位に入賞した反田恭平が応募を決めたのも、高音質、高画質の4Kでの「配信によって世界で知名度を高めたいという思いがあった」とのこと。「主催団体は、1次予選からファイナルまで動画配信サイト『ユーチューブ』やアプリでライブを無料配信した。演奏者の表情や指先をカメラが鮮明にとらえ、臨場感あふれる映像に多くの聴衆がくぎ付けに。それに呼応するかのように世界各国からリアルタイムで感想が書き込まれた。演奏の合間には参加者らのトークショーを入れ、終了後はアーカイブ

視聴もできるようにした。（中略）

ネット上では『カメラワークや音質など最高で、何度も見直して感動できた』などと上々の評価が多く、『配信は記録的な関心を集めた』（主催団体）」

すでに予備予選の段階で、角野の演奏について再生回数が大きく跳ね上がり、コンクール事務局も注目したという。

ショパン・コンクールのライヴ配信は、ブレハッチが優勝した二〇〇五年の第一五回から始まった。アヴデーエワが優勝した第一六回、チョ・ソンジンが優勝した第一七回の模様は現在でもアーカイヴで観ることができるが、今回ほどその威力がクローズアップされた大会もあるまい。

それまでは生演奏にこだわり、配信を敬遠するクラシックファンも多かったが、新型コロナ感染症拡大を経てオンラインに対する考え方は大きく変わった。海外からアーティストは来日できなくなったが、さまざまな趣向を凝らしたライヴ動画が配信され、いながらにして世界的名手のパフォーマンスを享受することができる。

日本のオーケストラ公演や音楽祭でも、有料配信や無料配信が当たり前のように行われるようになった。演奏機会のなくなった演奏家も、手ごろな録画機材を購入し、自宅やスタジオから配信を試みたり、仲間たちとセッションを楽しんだりした。

反田恭平も、若手ミュージシャンに呼びかけ、イープラスと提携して有料ライヴ配信のシリーズ「Hand in hand」を企画している。

ウェブ配信をきっかけにショパン・コンクールへの興味も広がり、それまでピアノやクラシックに関心のなかった層まで結果に一喜一憂し、それぞれ好みのコンテスタントに入れこみ、動画のコメント欄やSNSに書きこみする、という現象が起きた。

「ウェブ配信はもはや現地で聴けない人に向けた代替物とは必ずしも言いきることのできない、独自の性質を帯びたメディアになってきた」と、音楽評論家の高久暁は書く。

「演奏前後のバックステージでのコンテスタントや運営スタッフの様子（とても面白い）、世界中からリアルタイムで次々に寄せられてゆくチャット、ショパン・インスティテュートに寄付される投げ銭（南アフリカやインドやフィリピンからの投げ銭もあって、このコンクールが文字通りグローバルに試聴されていることがわかる）、プライバシーへの配慮などおかまいなしに映されるあちこちの客席の様子（筆者も昔映ったことがあった。お忍びでこっそり行くことができない！）。これら一切が、ワルシャワ・フィルハーモニー大ホールの客席に座っていてはうかがい知ることができない」（『ショパン』二〇二一年一二月号）

客席まで映し出されることによって筆者は少し困った状況に陥った。パスポートの関係で第一次予選の最終日から会場入りすることになり、取材のため審査員席のすぐ後ろに陣取った。フィルハーモニーの音響は難しく、同じ二階席でも場所が違うとまったく異なる聞こえ方がするからだ。演奏の合間には、先にワルシャワ入りしていたライターさんたちと意見交換していたところ、第一ラウンドが終わったところで、「審査員席の後ろでべちゃくちゃしゃべっているところが全世界に配信されていますよ！」というメッセージがSNSに投稿された。

次のラウンドからは目立たないように身を縮ませていたら、その日の夜、腕と足を中心に発疹《ほっしん》ができていた。持参したマイザー軟膏《なんこう》は一向に効かず、ワルシャワ在住の日本人の方に教えていただいたスドクリームで何とかしのいだが、帰国するまで治らず、逆に帰宅したらすっと消えてしまった。

舞台裏でのコンテスタントの様子も、視聴者にとっては興味深いが、緊張の極みにある演奏前の一部始終を映されるほうはかなりのストレスになるだろう。

新型コロナ感染症が発生する以前、ネット販売された会場チケットは即完売だったが、その半数は日本人によって購入されていたらしい。筆者はある旅行会社のショパン・コンクール・ツアーの講師をつとめることになっていたが、観戦チケットがなかなか確保できず大変だったとも聞いた（結局このツアーはコロナのため中止になった）。

ジャーナリスト・パスも二〇一五年とは勝手が違い、申請しても結果が来るのは二〇二〇年八月とのことで、飛行機のチケットが取れるかどうかもわからず、気が気ではなかった。コンクールが延期になったため、ジャーナリスト申請も再度行ったが、出発前まで返事が来なかったメディアもあったと聞く。大学に勤務している音楽評論家など、帰国後の二週間待機がネックであきらめた人も多かった。

ワルシャワに行けなかった多くのファンや関係者がオンラインで観戦することになった。NIFCの公式発表では、全体のアクセス数の四五パーセントが日本からだったらしい。

生演奏とのギャップ

動画配信はクラシック音楽の拡大には寄与したものの、配信で聴く演奏と会場での演奏の差異という新たな問題も提示することになった。

国際音楽ジャーナリストの恒川洋子が『ショパン』（二〇二一年一二月号）で紹介したコンクールのスポークスマン、ラスコフスキによれば、「今年のショパン・コンクールでは最高の技術を駆使したストリーミング配信ができました。ホールで聴く生演奏とのギャップは認めます」とのこと。

会場のフィルハーモニーも一〇七二席がほぼ埋まっていたが、ライヴストリーミング配信は一億人以上のフォローがあったという。同じ演奏を配信しているのだから、解釈上の違いは出ないはずだが、音響上の差異は生ずる。その差異が尋常一様ではなかったのだ。

審査員たちが口々に言っていたのは、ホールの二階席で聴いた際に認識したもの、たとえばペダリングが適切ではなく、音がかぶってしまう、左右のバランスが悪い、タッチがそろわない、音ののびが悪い、強音が割れる……などの欠点が、動画配信ではことごとくクリアされているということだった。

インタビューに答えてサー・チェンは、「実際の会場で見たり聴いたりするものと、オンラインの配信はまったく別の世界です。すばらしいクオリティの音響で再現されていて、驚いています。すばらしいけれど、ホールで聴くのとはまったく違います」と指摘する。

第四位の小林愛実も「私は、実際にホールでもYouTubeでも聴きましたが、ホールで聴くのと配信で聴くのとは本当に音が違います。もちろん配信されることによって、世界の人が一緒にたくさんの音楽を共有できるのですが、やはり音楽は生で聴くのが一番良いのかなと思います」と語っている（『時事ドットコム』道下京子によるインタビュー）。

配信動画と会場での印象の違いは、前回審査員をつとめたマルタ・アルゲリッチも指摘していた。好奇心旺盛な彼女は、審査が終わってホテルに引き上げたあと、たった今聴いたばかりの演奏をアーカイヴで呼び出し、差異をチェックしていたという。

この差異による影響をもっとも受けたのが、牛田智大だった。

牛田智大の場合

浜松国際コンクールで第二位に入り、規定によりショパン・コンクールの予備予選を免除となった牛田智大は、反田恭平、小林愛実とともに日本人の優勝候補と目されていた。第一次予選で演奏した『幻想曲』では、ポーランド在住のピアニスト、河合優子がTwitterで「コンクール史上に残るであろう名演」と評したこともあり、大いに期待は高まったが、つづく第二次予選で姿を消し、ＳＮＳは騒然となった。

作曲家の意図を尊重するスタンスで内面性と集中力に秀で、技術的にも安定しており、なんの問題もなかったはずだが、審査員の一人、ダン・タイ・ソンは筆者のインタビューに答えて「彼は第一次予選はとても良かったが、二次ではタッチを押しつけてしまい、音質に問題があった」とコメントしていた。やはり審査員の一人、海老彰子も同じことを感じ、彼が使用する楽器のメーカーを通じてアドバイスしたが、間に合わなかったという。

演奏家は自分の音をホールで聴くことはできない。こんなタッチをしたら客席ではどう聞こえるか、ペダリングの兼ね合いなど、演奏中も試行錯誤がつづく。

ステージで音が聞こえると客席には飛んでいない、とはよく言われることである。ワルシャワのフィルハーモニーは逆だったらしく、ステージでは自分の音が返ってこないので疑心暗鬼になり、必要以上に音を出してピアノと格闘しているようになってしまうコンテスタントは多かった。

二〇〇〇年の第四位入賞者サー・チェンは、ホールの難しさについて次のように語る。

「あのホールはアコースティックが長い。エコーが長いと思います。ですから、音がクリアに聴こえるように考えなければなりません。音も大きく聴こえるホールです。遠くに響くエコーの中で明晰な音を聴かせるために、ペダリングに気をつける必要があります。もちろんタッチにも。それから、どのような響きのホールにもできるかぎり対応できるよう、自分の音を聴く耳を育てておかなければなりません」（アーリンク明美、森岡葉、筆者によるインタビュー）

二位に入った反田恭平も「ステージで自分の音が聞こえない」ホールの難しさに言及しており、時間があるときは二階席で聴き、サウンドをチェックしていたという。リサイタルならリハーサルがあり、奏法を修正できるが、コンクールでは、ピアノの選定以外には会場で音出しすることができない。

牛田自身がTwitterで原因を分析している。

「今回はなかなかホールの音響がつかめず、最大音量を見極められないままラウンドを終えてしまい、ダイナミクスの構成や音色の調整が狂ってしまいました。ホールの音響上自分の音量が足りていないのではと錯覚してしまい、不自然な力で芸術的でない飽和した響きを引き出してしまった瞬間がありました」

たしかに、牛田の演奏は二階席で聴いているとペダルが多く、和音に濁りを感じるときがあり、少し無理して頑張っているという印象を受けたことも否めない。しかし『舟歌』はとても良い響きで弾いていた。そしてまた、無理なく楽器を鳴らし、繊細に響かせた韓国のチェ・ヒョンロクも三次予選に進めなかった。きちんとバスを鳴らし、倍音の上にメロディを乗せ、すべての音をクリアに聴かせてくれたアメリカのタロン・スミスも、タッチのコントロールがすばらしく、繊細で美しい『舟歌』を奏でた京増修史《きょうますしゅうし》も。

一〇月一二日夜、第二次予選の審査結果が発表されたとき、ピアニストやライター、評論家仲間とフィルハーモニー近くのアパートで待機していた。配信されてきた通過者名簿を見て一同言葉を失い、それから議論が始まった。原因は解釈面だろうか。選出されたメンバーを見ると、今回のコンクールの傾向が明らかになってくる。以前は牛田のような端正なスタイルがもっとも求められ、自由な解釈のピアニストは、力はあっても上がっていけない傾向にあったが、今回は反対だった。限界ギリギリまでデフォルメした演奏も通過しているのに、なぜ？と割りきれない気持ちになる。

結果発表から一六日も経って発表された審査員の採点表は、さらに衝撃的なものだった。牛田の演奏に対して一七名中ＹＥＳが六名。ボーダーラインだった韓国のスーヨン・キムが八名だから、やはり足りない。牛田にもっともきびしい点をつけたのはフランスのジュジアーノで二五点満点中一四点。

ところで、一次予選の『練習曲作品一〇－二』で指が絡まって先に進めなくなり、七、八回同じところに戻って弾き直したコンテスタントがいる。他の楽曲では音楽的に良い演奏をしていたものの、明らかに失敗とわかる演奏で、一〇点をつける審査員もいたが、ジュジアーノは一五点、つまり二次予選の牛田より高い点をつけている。

第六章で引用した雑誌のコメントのように、ジュジアーノにとっては音質がすべてだったのかもしれないが、配信ではそれを聴き取ることができない。演奏は完璧だったのだからファンたちが不審に思うのも致し方ない。配信時代のコンクールの落とし穴だった。

楽器メーカーのコンクール

牛田の第二次予選敗退は、そのままヤマハの敗退となった。一次予選でヤマハを弾いたコンテスタントは九名いたが、二次予選で牛田と京増を含む四名に減り、いずれも三次予選に進めなかったのである。

第一八回ショパン・コンクールでは五台のピアノ（第一七回では四台）が提供されたが、これは国際コンクールとしてはけっこう珍しいことだ。大きなところを例にとっても、二〇一九年のチャイコフスキーでは五台のピアノ（スタインウェイ、ヤマハ、カワイ、ファツィオリと中国の長江）が並んだが、エリザベート・コンクールやリーズ国際コンクールではスタインウェイ一台で全員が同じ楽器を弾く。日本でよく知られるロン＝ティボー国際コンクールも、ピアノは一台だけ。

それだけに各メーカーはしのぎを削り、自社製品を弾いたピアニストの数と成績に一喜一憂する。二〇一〇年にヤマハを弾いたアヴデーエワが優勝したときは、四大紙に全面広告が載った。配信でもピアノのマークはぼかされることなくはっきり映し出されるので、宣伝効果ははかりしれないものがある。

今回はもともとヤマハとスタインウェイだけが公式ピアノとして決まっており、残る二台はカワイ、ブリュートナー、ファツィオリから選ぶという話を聞いていた。ところが、開始一週間前になって、スタインウェイが二台になることが関係者に知らされたという。一台はホール所有の「四七九」で、審査員の一人クシシュトフ・ヤブウォンスキが選定したもの。もう一台はＮＩＦＣが所有し、七月の予備予選で使用した「三〇〇」で、いずれもハンブルグ製である。

残る三台はヤマハ、カワイ、ファツィオリ各一台だった。ヤマハは反応が良く、繊細な表現が魅力。カワイは温かい音で色彩感に優れ、バスがとてもよく鳴る。イタリアのファツィオリは音域ごとに音色が異なり、よく歌うが、楽器によってはタッチに抵抗感があって指がつっかかりやすい傾向がある。

同じメーカーでもそれぞれ個性があり、一概に言えないので、あくまでも一般的なイメージとして読んでいただきたいのだが、ヤマハは弾きやすいが遠くに音が飛ばないという通念のようなものがある。今回の楽器はパワーがあり、協奏曲でもオーケストラと十分渡り合えるということだったが、刷りこまれたものはそうすぐには変わらない。

二〇一五年の予備予選は練習曲が三曲（二〇二一年は二曲）だったので、優勝したチョ・ソンジンはヤマハを使い、本大会ではスタインウェイを弾いた。いっぽう、本大会の第三次予選まではヤマハを使っていた三位のケイト・リウと四位のエリック・ルーは、本選の協奏曲のみスタインウェイを使用した。明らかに、オーケストラとの共演を意識してのことだろう。

このように二〇一五年のときは使用楽器を替えられたのだが、今回はいったん選定したらそのままという通達があったらしい（のちに撤回され、二次予選で変更した人もいる）。これは大きなことだ。練習曲を弾く第一次予選。ワルツやポロネーズなど舞踊系を弾く第二次予選、ソナタや前奏曲など大曲を弾く第三次予選では、フィットするピアノも違うだろう（二〇一八年のピリオド楽器のコンクールでは、ラウンドどころか演奏曲ごとに使用楽器を替えてもよかったのだが）。

一次予選で弾いてみて手になじまなかったら二次予選で替えることもできる。ところが今回は、ファイナルの協奏曲まで想定してピアノを選定しなければならない。協奏曲向きと定評があるスタインウェイも二台あり、さらに選定しなければならない。しかもたった一五分で！　コンテスタントたちを襲った困惑は想像して余りある。

二〇一五年のときはＮＨＫのドキュメンタリー「もうひとつのショパンコンクール」でも取り上げられたようにヤマハの圧勝だった。第一次予選参加者七八名中三六名がヤマハを選び、ファツィオリを弾くコンテスタントは二次予選で、カワイは三次予選で姿を消した。

しかるに今回は、使用楽器を替えられないというしばりが作用したか、二台のスタインウェイが計六四名と圧倒的に多かった。このうち第二次予選に進出したのは、「四七九」が四四名中二三名、「三〇〇」が二〇名中一〇名。ヤマハは九名中四名、ファツィオリは八名中四名、カワイはもっとも打率が良く、六名中四名が次のラウンドに進んだ。

このうちファツィオリを選択したブルース・リウが優勝し、かねてからカワイを愛用するアレクサンダー・ガジェヴが第二位、ファツィオリを弾いたマルティン・ガルシア・ガルシアが第三位、レオノーラ・アルメリーニが第五位、カワイを選んだＪＪ・ジュン・リ・ブイが第六位、イ・ヒョクもファイナリストになったから、スタインウェイ、ヤマハといったスタンダードなピアノを弾かなかったコンテスタントが成功し、多様性のコンクールを象徴する事態となった。

ショパン自身が動画配信していたら……？

第二次予選の結果が発表され、牛田の落選が判明した直後、ネット上には「ＮＯ　ＵＳＨＩＤＡ？？？」という書きこみがあいついだ。

かつて原智恵子が一五位という低い結果に終わったことに憤慨したワルシャワの聴衆は暴動を起こし、急遽《きゅうきょ》聴衆賞が授与されることになった。アシュケナージが優勝せず、田中希代子が一〇位にとどめられたことに腹を立てたベネデッティ＝ミケランジェリは、認定書にサインしなかった。遠藤郁子はじめ三名の外国人が二次予選で敗退したことに憤った批評家グループは、独自に特別銀賞を授与した。ポゴレリチが第一次予選を通過したことに怒ったルイス・ケントナーはワルシャワを去り、逆に本選に進めなかったことに激怒したアルゲリッチは審査員を降りてしまった。

しかるに、ワルシャワに赴くことができず、批評家でも審査員でもない一般のファンはどのように自分たちの不満を表明すればよいのか。事務局に電話をする、手紙を書く、メールを打つ等々。今回もその手段を取った人はいただろうが、大半は、もっと手っとり早くSNSでそれを表明したのである。

電話・手紙・メール方式の場合は、事務局でとどまるために公にならないが、SNSでは、個人的な見解がそのまま拡散される。

自分の敗戦がファンたちにもたらすショックとその結果起きるであろうことを予測して、いち早くTwitterでコメントを発した牛田の態度は立派だった。何があっても自分の信念は変わらない、そんな強さを感じる声明だった（第三次予選で牛田のソナタを聴きたかったという筆者の思いも変わらない）。

ショパン・コンクールはもともと、ショパンの曽孫弟子のジュラヴレフがサッカーに興じる少年たちを見て、スポーツと同じようにピアノにも熱中してくれたらと願ったことから始まった。オリンピックより間遠な五年に一度の開催だが、オリンピックのようにテレビで中継されたりはしない。

さまざまなスキャンダルが報じられても、現地に足を運んだ人しか目撃できず、新聞・雑誌の記事などで断片的に情報を得るしかない。もしテレビ中継されていたら、お茶の間でもリアルタイムで見ることができ、理不尽な審査があったら抗議できるのに……と残念に思っていた時期がある。

しかるに、ネット配信のシステムが確立されてからは、ショパン・コンクールも自宅にいながらにして体験することができる。配信画面のコメント欄には書きこみができるようになっており、演奏開始と同時に各国語（英語に限定と規定されてはいるが……）で評価や感想が飛びかう。

前に述べたように配信と実演で印象が違う場合、数的には会場側が圧倒的マイノリティになる。これは、審査員にとっては大変なプレッシャーだろう。二階席で聴いたものをもとに採点していても、全世界の視聴者から「理不尽な審査」と批判されかねない。

「オンラインでは世界中の誰もがリアルタイムでコンクールを見ていて、すぐにSNSで感想を言い合える時代でもあります。多くの聴衆のさまざまな思いが発信される中、審査員としての決断を下すことの重さはどう感じていらっしゃいますか?」と質問されたヤノシュ・オレイニチャクは次のように答えている。

「私はあまりインターネットを見ないから、そうしたコメントはフォローしてないので、とくに問題は感じていません。他の人たちの感想など、ときどき耳に入ってしまうことはありますが、なるべく遮断したいと思っています」(『飯田有抄のショパコン日記』)

もちろん、良いこともある。配信のない時代には審査員がくだす判断がすべてで、メディアに紹介されるのも上位入賞者だけだったが、予備予選段階からの配信により、一般視聴者の支持を集めたり、プロデューサーやオーガナイザーの目に留まるチャンスも増えてくる。もしかすると、コンクールの結果など関係ない事態が起きるかもしれない。実際に、予選ラウンドで消えたにもかかわらず、魅力的な演奏によって大きな公演やCD制作を勝ち取ったコンテスタントもいたと聞く。

自身もYouTuberとして活動する角野隼斗は、暗黙のうちに配信を生演奏の下に置く現在の価値観に異議を唱える。

「ネット中継があることで、コンクールの審査やその全体が変わっていく可能性について、どのように思いますか」という質問についての回答は示唆に富んでいる。

「会場での生の音とネットの音とは全然違いますよね。皆さん、そうおっしゃいますし、『だからネットじゃ分からない』と言われます。審査員は生の演奏で聴いているわけで、生でうまく聴かせるのが一番大事です。でも、その何百倍もの人が、ネットで聴いているわけです。マイクに乗った時にだけしかよく聴こえない人の演奏も、価値があるのではないかと思うのです。力強く鳴らすことができない人は、ホールで演奏した場合あまり鳴り響かないけれど、マイクに乗せるととても細かいニュアンスが美しく響いていて良く聴こえる。それは偽物ではなく、マイクを通したものとしての価値が別にあり、新しい評価の可能性につながると思います。もちろん、クラシック音楽はアコースティック…生の音が圧倒的な主流で、いかにホールで良く響かせるかはもちろん大切だけれど、それ以外のものがただの生演奏の劣化コピーかと言われると、決してそうではないと思います」(『時事ドットコム』道下京子によるインタビュー)

これは、オペラ歌手とポップスや歌謡曲の歌手にもあてはまることだ。生身の身体で歌劇場のすみずみまで声を響かせるオペラ歌手は驚異だが、発声のため言葉を犠牲にすることもある。マイクを通せば声量はさほどなくてもよいし、言葉もはっきり聞き取ることができる。しかし、一般的にはマイクを使わないオペラ歌手のほうが偉いと思われている。

ショパン・コンクールでは、そもそもＤＶＤ審査に合格しなければホールで演奏することもできない、ということも強調しておきたい。動画撮影には、カメラは一台でピアニストの手の動きと右の横顔が映っていること、一作品の範囲内では撮り直しをしてはいけないなどきびしい規定があるが、音質・画質や撮影方法まで明記されているわけではない。

金銭的に余裕のあるコンテスタントは自前でホールを借り、ライン（音声ケーブル）をもらって撮影する（地方に住む人の中にはわざわざ東京に出てくるケースもある）。あるいは、プロを雇って撮影してもらう（撮影代・編集代に加えてホール代、スタジオ代、ピアノ調律料などが発生する）。留学先などでそこまでの手がかけられない場合は、大学のホールや楽器店のスタジオを借りる、時間をかけて何度も撮影する、などの手段も考えられるが、いずれにしても音質・画質には差が出てくる。

すると、本来ステージではさほどレヴェルが高くないのに、ＤＶＤが高水準なために予備予選に出場できるコンテスタントもいるし、逆に、ＤＶＤのクオリティが悪かったために審査で落とされるコンテスタント（表沙汰になった代表例は二〇一〇年のアヴデーエワ）も出てくるわけである。

そうやって選出しておいて、コンクールでは生演奏だけで判断する……のもいささか妙な話かもしれない。

すでに述べたように、ショパン・コンクール予備予選会期中に開催されたシドニー国際はオンラインだけの審査で順位をつけた。エリザベート国際と会期が一部重なっていたモントリオール国際もそうで、エリザベートでもショパンでもファイナルに進めなかったスーヨン・キムが優勝した。

ショパン・コンクールもこれだけ配信に力を入れるのであれば、アクセス数グランプリとか、オンライン聴衆賞（最優秀動画賞）などを設けてもよいかもしれない。

「ショパンは、実際、あんな大きなホールで演奏するものではありません。ショパンの音楽というものは実際とても内省的で個人的なものです。どうしてそんな作品でコンクールを競えるでしょうか」とアレクサンダー・ガジェヴは語る（『サラサーテ』）。

あまり音量が出なかったらしいショパンは、大ホールでの演奏を好まず、サロンなど限られたスペースでごく少人数の前で演奏する活動形態を選んだ。レッスンも支援者たちによってきびしく管理され、一般の人はまず近づけなかった。そのため、ショパンの奏法も解釈も一般社会に広まらず、伝統が受け継がれることもなかった。

ここで筆者はとんでもない妄想にふける。

もしショパンが二一世紀に生きていたら、と考えるのである。彼がプレイエルのピアノに向かって比類のない自作自演や即興演奏をくり広げている間に、支援者たちが気づかれぬように動画を撮り、YouTube で拡散したらどうなるだろう。

ショパンは一人でひっそりと弾いているだけなのに、多くの人がその演奏に接することができる。小さな音で弾いても細かいニュアンスまで聴き取ることができる。

もしショパンが YouTuber として生計が立てられていたら、出来の悪い生徒を教え、レッスンでイライラして鉛筆を折りまくることもなかったのではないだろうか。

一〇　ふたたび「リアル・ショパン」

作曲について

「彼の創造行為は自発的な、奇跡とも思われるものだった。求めることなく、予見することなく、彼はそれを発見するのだった。それは彼のピアノの上に、突然の、完全な、崇高なものとして訪れてくる。またはそれは、ある散歩のおりに彼の頭のなかで歌となって鳴り、それを彼はいそいで、楽器の上に投げだすことによって彼自身にきかせようとする。しかしこのとき、かつてわたしが立会ったもっとも苦しい労役がはじまるのだ。（中略）彼は自分の部屋にまるまる何日も閉じこもり、泣き、歩きまわり、ペンを何本も折り、ひとつの小節を百回も繰りかえし、また変え、それを同じ回数だけ書き記し、また消し、そして次の日、ひとつの綿密な、そして必死の構えと言ってもよい粘りづよさでまた手をつけるのだった。彼は六週間ひとつのページにかかりきり、そのあげく、初めの発想のときに記したとおりのことをまた記しつけるようなことにもなった」

（ジョルジュ・サンド『わが生活の歴史』カミーユ・ブールニケル著、荒木昭太郎訳、『〈大作曲家〉ショパン』音楽之友社）

ショパンは何を伝えようとしたか

ジャン＝ジャック・エーゲルディンゲル『弟子から見たショパン　そのピアノ教育法と演奏美学』はふたつの部分に分かれている。第一部「技法と様式」は「技法の基礎」と「様式の理論」から成り、第二部は「ショパンの作品の解釈」。付録として、ショパンが生涯の最後に書いていた「ピアノ奏法」の草稿と、弟子や近親者の楽譜に指づかいや書きこみを入れたページなどが紹介されている。

第一部のっけからこんな一節が出てくる。

「ピアノの演奏を習うために今まで試みられてきたおびただしい数の無益で退屈な訓練は、この楽器の練習には何の役にも立たぬものである。例えば散歩する［客間に登場する］ために、逆立ちして歩くのを習うようなものだ。そのあげく、逆立ちはおろか、まともに歩くことさえできなくなってしまう」

これはリストなど同世代のヴィルトゥオーゾたちへの批判だ。ショパンは優雅な外見に似合わず、相当口が悪かった。

「ピアノ奏法」は仰天するような内容だ。譜例では「ミ、ファ♯、ソ♯、ラ♯、シ」という変てこな響きのする音形が示される。ショパンは、五本の指は長さもつき方も違うのだから、全部白鍵に並べて均等に動くように訓練するのはナンセンスだと考え、長い指は黒鍵に、短い指は白鍵に落ちるシステムを考案した。

彼は同じ理由から、すべての指が同一平面上に乗るハ長調を嫌い、嬰へ長調やロ長調から音階練習を始め、♯や♭をひとつずつ取っていって、最後に「一番難しい」(!)ハ長調を練習するように指示した。ロシアン・ピアニズムのもとをつくったゲンリヒ・ネイガウスが「コロンブスの卵」と評した魔法のシステムだ。

ショパンのピアノ曲に♯や♭がたくさんついているのは、ここからきているのだろう。もっと前にこのシステムを知っていたら弾きやすくなるところはたくさんあったはずだが、筆者の学生時代には『弟子から見たショパン』はまだ翻訳されていなかった。

ショパンは画期的なピアノ奏法を編み出したが、ごくわずかな例外を除いてアマチュアの子弟に指導したため、プロフェッショナルな分野への伝達がとんでもなく遅れた。

ショパンの死後、「ピアノ奏法」の草稿は姉のルドヴィカに託され、さらにチャトルィスカ公爵夫人に献呈され、夫人からポーランドのピアニスト、ヤノタに遺贈された。一九三六年に競売にかけられ、アルフレッド・コルトーの所有になった。コルトーはほぼ全文を自著『ショパン』に掲載したが、本質的なことは理解していなかったようだ。

ショパンの「ピアノ奏法」が『弟子から見たショパン』で初めて完全な形で掲載されたのは一九七〇年（邦訳は一九八三年）。ショパンの死から一二〇年以上もたっていた。

『弟子から見たショパン』では、ピアノの弾き方ばかりではなく、ショパンが弟子に伝えようとした解釈についてもこと細かに紹介されている。各章の冒頭にごくわずかな例を挙げたように装飾法、テンポ・ルバート、レガート、フレージング、即興演奏、等々。

本気で「リアル・ショパン」を求めるなら、ここから勉強を始めるべきだろう。教えてくれているのはショパンその人なのだから。

目からうろこのことはたくさんある。たとえば、ショパンが弟子たちにひとつの音をその都度違うふうにアタックするように練習させたというくだり。

「彼は同じひとつのキーから、いかに多様な響きが得られるかを教えようと、20通りものいろいろなやり方で弾いてみせてくれたのである」

少なくとも日本では、こんな指導は受けたことがない。

ショパンは同じ曲をつづけて二〇回弾いたとしても、二度と同じように弾くことはなかったらしいのに、筆者の子供時代には二〇回きっちり同じように弾けるように訓練された。ノクターンのメロディをふちどる細かい装飾的パッセージ。昔は、左手に合わせて線を引き、無理やり分割して練習したものだ。モデルはベルカントの歌唱法のストラッシーノやポルタートだという。母音を長く伸ばしてすべりおりたり揺らしたりする。ということは、一音一音はっきり弾いてはいけないのだ。

ショパンの書きこみによれば、装飾的パッセージは「良い趣味」を持つなら、自由に変えてもよかったはずなのに、楽譜に書かれたことを忠実に守るようにしつけられた。

ショパンは左手と右手を独立させて考えていたのに、左右をきっちり合わせるように教育された。先生たちは左右を交互にずらすルバートは嫌いだったが、それはロマンティックなスタイルでショパンも嫌っていた。

伝説の生き証人

ショパンの教えを実践したと思われるラウル・コチャルスキの録音もある。

ショパンはプロフェッショナルな弟子を多くは持たなかったが、門下のミクリは天才少年ピアニストとしてデビューしたコチャルスキを一八九二年、つまり七歳（！）の年から四年間、「ショパンの伝統の後継者」にするために特訓した。

エーゲルディンゲルは「ショパンの弟子に習った人間は沢山いるが、中でもコチャルスキはショパンの伝統をもっとも純粋に、かつ生きたものとして守った人物であるのは明白だ。この意味では彼の演奏の録音は第一級の資料となろう」（『弟子から見たショパン』邦訳初版）と書いている。

筆者が初めて聴いたコチャルスキのショパンは、『練習曲作品二五－七』だった。第一回ショパン・コンクールの翌年、一九二八年にベルリンで録音している。八分音符のきざみは「聖歌隊の指揮者のように」、ヴァイオリンとチェロを模したメロディは「ベルカントの歌手のように」。ショパンのルバートの奥義が完璧に表現されていると思ったが、左右が違う小節を弾いているのではないかと思うほどずれている。このように弾いたら、コンクールでは評価されないだろう。

一九二四年と三八年の『ノクターン作品九－二』では、ミクリから伝授されたヴァリアントを弾いている（現在ではエキエル版に収録されている）。

コチャルスキこそが「リアル・ショパン」の生き証人であったにもかかわらず、ワルシャワではレシェティツキ門下のジェヴィエツキが実権を握り、ミクリの系譜はあまり重きを置かれなかった。コチャルスキがドイツを拠点としていたこともあり、一九一〇年、ショパン生誕百年を記念してソルボンヌ大学で行った講義録は、ポーランド語に翻訳されていない。ミクリの弟子のミハウォフスキ（ショパン・コンクール創設者の一人、ジュラヴレフの師匠）は第一回コンクールの審査員に呼ばれたが、自分の弟子が落ちたことに腹を立て、途中で降りてしまった。コチャルスキも、ようやく第四回になって審査員に招かれたものの、開催前年の一九四八年に亡くなっている。

ちょうどその年に一八四七年製のプレイエルで弾いたショパンのアルバムが、ＮＩＦＣのレーベルで復刻されている。ノクターンやマズルカ、ワルツ、『幻想即興曲』、『バラード第一番』。とりわけ独特のルバートを駆使した『子守歌』が絶品だ。

ミクリ及びコチャルスキがショパンの伝統を本当に継承しているのか、疑問視する向きもあるようだ。しかし、コチャルスキのルバートは、左右の手が完全に独立してはじめて実現できるもので、多くの人が証言しているショパン自身の演奏を彷彿とさせる。

近年では、二〇〇五年の優勝者ラファウ・ブレハッチがコチャルスキを敬愛し、録音を聴きこんでいるという。

ショパン解釈の難しさ

第一八回ショパン・コンクールは大成功で、クラシック音楽の社会的認知度も高まったが、きわめて専門的な意味では、本書の冒頭に掲げたような「何が『リアル・ショパン』なのか」といった問いかけには、ほとんど答えの出ないコンクールとなった。

自分では霊感の赴くまま演奏し、記譜したショパンだが、リストをはじめとする同世代のヴィルトゥオーゾたちが、「演奏効果を上げるため」テキストを改竄《かいざん》することには拒絶反応を示していた。ショパン演奏の難しさはここにある。

ロマン派の時代に生まれながらリストやシューマンとは距離を置き、書法もスタイルも思想も一八世紀バロックに近かったショパンの解釈はひと筋縄ではいかない。付点を入れるタイミングも装飾音のつけ方も、一八世紀的に解釈するか一九世紀寄りかで変わってくる。二〇一〇年に五位に入賞したフランソワ・デュモンは、妻がオペラ歌手であり、自分はショパンがカンティレーナに取り入れたベルカントのスタイルに精通していたが、それを理解しない審査員に十分評価されなかったと不満をもらしていた。

もちろん、審査員たちは優れた音楽性と技術の持ち主で、多くが過去のショパン・コンクールで優秀な成績をおさめてきた。門下からも優れたピアニストを輩出している。スタイルの違い、解釈の違いを乗り越えて本当にすばらしい演奏を聴きわける耳を持っているはずだとは思う。しかし、ここまで解釈が多様化してくると、なかなか対応が難しいのかもしれない。門下制による伝承式の教育にしばられているところもあるように思う。

二〇一八年のピリオド楽器のコンクールで示されたさまざまなショパン解釈が、「リアル・ショパン」だったのかどうか、筆者にはわからない。しかし、二〇二一年のコンクールでその成果がほとんど反映されなかったのは、やはりとても悲しいことだった。「楽譜に忠実」の呪縛から解き放たれて自由奔放な演奏は多かったけれど、ピリオド楽器のコンクールに出てきたような即興的なアプローチは見られなかった。

自分でも楽譜にないヴァリアントをつけてショパンを弾くケヴィン・ケナーにたずねたところ、予備予選では何人かいたが、本大会では見かけなかったという。自分も門下のピアニストに勧めてみたが、モダンの審査員には逆効果と自粛する向きが多かったらしい。

本選では、第四位に入ったヤクブ・クシュリックが『協奏曲第一番』第二楽章のフェルマータ部分にアインガングを加えて弾いていたが、これはショパンがジェーン・スターリングの譜面に書きつけたもので、エキエル版に補遺として記載されている。

『弟子から見たショパン』の著者エーゲルディンゲルとともにペータース新版を編纂しているジョン・リンクは、『ショパン』（二〇二一年一二月号）のインタビュー（聞き手・アーリンク明美）で次のように語る。

「２０１８年のピリオド楽器のコンクールの影響からか、７月の予備予選では10名近くがヴァリアントを入れて演奏したと聞きました。本大会でほとんど聞かれなかったのは、リスクがあるからとも聞きましたが、この事についてどう思われますか？」

「予備予選ではノクターン作品27の２（28小節目、30小節目）やマズルカ作品24の１（59小節目）等をヴァリアントで演奏したピアニストがいました。若いピアニストは時々間違いを起こします。審査員がどう考えるかよりも、あなた自身である事が大事なのです」

「あなた自身である事」を躊躇させるような雰囲気があったということだろう。

ジョン・リンクが挙げていた中で、作品二七－二のノクターンは、ポーランドのズザンナ・ピェトシャクとベトナム＝ポーランドのヴィェト・トラン・ニュエン、中国のカイウェン・チャオがヴァリアントで弾いている。このうち前者二名は本大会に出場し、ニュエンは一次予選で同じノクターンを同じヴァリアントで弾いていた。いずれもショパンの友人のチェリスト、フランコムの楽譜の書きこみからで、エキエル版にも補遺として記されているから、楽譜の範囲内ということになる。

第一章で述べたように、二〇一八年のピリオド楽器のコンクールですら、ワルシャワの出場者たちは即興的ヴァリアントを加えることを躊躇しがちだったが、翌年パリで開かれたロン＝ティボー・コンクールのピアノ部門では、募集要項にこんな文言が盛りこまれたという。課題曲として全員が演奏するハイドン『主題と変奏』について、くり返しを希望する出場者は、必ず二回目には違う装飾を加えること。

課題曲ばかりではない。パリ音楽院のフォルテピアノ科に在籍する務川慧悟は、本選のリサイタルで演奏したバッハ『パルティータ第二番』でも、くり返しのたびに多彩な装飾を加えて弾き、見事に第二位入賞を果たしている。

要項には盛りこまれていなかったが、結果的に装飾のヴァリアントを容認することになったのは、二〇一八年の浜松国際コンクールである。優勝したトルコのジャン・チャクムルは、第三次予選の課題として出ていたモーツァルト『ピアノ四重奏曲第一番』で、くり返しのたびに楽譜にはない装飾をつけ足して弾いた。審査員は最初のうちは怪訝《けげん》な面持ちで聴いていたが、次第に説得され、高い評価をくだした。このときの演奏がチャクムルを優勝に導く大きな要因となったと聞く。

チャクムルには、同コンクールで第二位となった牛田智大と同じく二〇二一年ショパン・コンクールで予備予選免除の権利があったはずだが、応募しなかった。さる筋から理由を聞いてみたところ、どうしても即興的ヴァリアントを加えてしまいたくなるので、ショパン・コンクールでは危険だと思い、回避したとの答えが返ってきた。

彼の心配は杞憂《きゆう》ではなかった。コンクール前の公開マスタークラスで、エキエル版に記載されているヴァリアントすら弾かないほうが無難だと助言する教授もいたらしい。

コンテスタントが余計な気をまわさなくてすむように、二〇二五年のコンクールでは、ヴァリアントの扱いについても要項に明記してほしいものだ。

「自分らしさ」のコンクール

残念ながら、何が「リアル・ショパン」か？という議論に対する答えは持ち越しになったが、第一八回ショパン・コンクールは面白い演奏が多く、聴いていてとても楽しかった。ピリオド楽器のコンクールの影響がまったくないわけでもなかった。審査員のクレール・シュヴァリエが言っていたように「流派や師匠に影響されることなく、弾き手の一人一人が新たな道を発見し、オリジナルな解釈を展開する」姿勢は継承されたように思う。

一人一人の審査員に話を聞いてみると「ショパニストではないのだが……」と留保をつけられたブルース・リウが圧倒的な優勝を飾ったことは象徴的だった。予選でとっくに落とされていたはずのガルシア・ガルシアが、最終的には第三位と協奏曲賞に輝いたのも。

ダン・タイ・ソンは「今回は、音楽的にパーフェクトに演奏していて、ショパンらしく歌い詩的であるというだけでは十分でなく、加えて、この人は何を伝えようとしているのかがわかり、そこに十分なストーリーが感じられるピアニストが求められたように思います」（『ぶらあぼ』）と総括する。

第一八回のキーワードは、「ショパンらしさ」ではなく「自分らしさ」ということになるだろうか。

「コンクールのために自分が理想として追求している音楽を変えたくはありませんでした」と語る小林愛実。あらゆる「傾向と対策」を経て統計を取った上で自らのスタンスを決めた反田恭平。「『自分の音を探す』という面で、成長できた」と思うと語る進藤実優。「自身の世界観を乗せて」雄大な演奏を展開した古海行子。即興演奏や編曲をする「自分」が楽譜どおりの世界でどのくらい活きるか「実験」した角野隼斗、「自分らしくあることが一番大切」と考え、「仏陀の境地」で嵐を呼び起こしたブルース・リウ。「ほほえみのショパン」でコンクールをコンサートの場に変えたガルシア・ガルシア。審査員が理解できるできないにかかわらず、「不条理」のショパンを貫いたガジェヴ。ミスタッチにかまわず、ワクワクさせる演奏に徹したイ・ヒョク。一一年ぶりに出場してファイナルに進み、フィルハーモニーを「自分の歌」で充たしたアルメリーニ。

それぞれしたたかだった。

第一八回ショパン・コンクールは、単に技術や音楽性の勝負にとどまらず、ショパンをどうとらえるか、楽譜をどう読むか、あるいは楽譜を超えたものを視野に入れるかなどについて、審査員とピアノ教育者、音楽学者、メディア関係者、一般聴衆に加えてネット視聴者をも巻きこむ価値観の戦いになった。

その戦いは、二〇二三年一〇月に開催される「第二回ショパン国際ピリオド楽器コンクール The 2nd International Chopin Competition on Period Instruments 'The real Chopin'（NIFCによって、あえて「リアル・ショパン」という文言が付加された）、そして二〇二五年の第一九回コンクールに引きつがれることになる。

エピローグ——本当のスタート

二〇二一年一〇月二一日、つまりファイナルの結果発表の翌日、『NHKサイカル・journal』にとても興味深い記事が載った。

題して「ショパンコンクール　入賞の2人はクラスでとんでもない感じの子だった　高校恩師語る」。

高校恩師とは音楽評論家の下田幸二のこと。一九九〇年のショパン・コンクール第五位の高橋多佳子《たかこ》の夫でもある。

記事によれば、下田は反田恭平と小林愛実が通った桐朋女子高校の音楽科の講師で、ショパンの授業を持っていた。二人は一学年違いだったが、「世界のピアニストのトップに立った2人、当時はどんな生徒だったのでしょうか」という質問にこう答える。

「反田くんって、小林さんもそうだったけど、クラスの中でも〝とんでもないような感じの子〟だったんですよ。

その学年はとても上手な生徒が多くて、日本音楽コンクールの入賞者が20人中6人くらいいたのかな。その中でも反田くんは、『先生の言ってることそんな興味ないよ』って顔をしていて、授業中も全然話を聞いてないようなふりをしてるんですね。で、いざ演奏を指名されると『いや〜、全然弾けませんよ』とか言いながらも体はピアノに向かい始めている…。弾きたくないふりして、弾く気満々という感じでしたね。それで『練習してないからな〜』とか言うから、『楽譜いる？』って聞くと『もちろんです！ぜんぜん弾いてないんで』って言いながら楽譜広げて、いざ弾き出すと、ものの見事に弾いてみせる。そういうちょっと〝めんどくさい男の子〟でしたね。（笑）でもそれが彼の愛すべきキャラクターでした」

小林についても、こんなエピソードが伝えられる。

「小林さんも、授業で演奏を指名すると『まあ、弾いてあげてもいいわよ』みたいな感じで前に出てくるんです。それで演奏後に私が『ショパンの楽譜にはこうあるから、こう弾くべきじゃない？』と指摘すると、彼女はしばらく黙ってから私の方を見て、『え？そう弾かなかった？ さっきそう弾いたよね？』って言うんですよね。（笑） ふつう学生は『はい』って話を聞くものなんで、ぎょっとするし、笑いが止まらないくらいでした。でもそれくらいじゃないと、ショパンコンクールのような大きな場でちゃんと弾くなんていうことはできないんでしょうね」

さすがである。

小学校五年生まではサッカー少年だった反田恭平は、手首の骨折を機に音楽にシフトし、六年生から桐朋学園子供のための音楽教室に入室している。ピアノを指導した横山悦子から当時の話を聞いた。横山は安川加壽子門下だから、反田も安川の孫弟子にあたる。

家が近いのでレッスンには自転車でやってきたという。古典はあまり勉強したがらなかったが、ロマン派にはのめりこみ、最初はショパンばかり、ついでリストばかり持ってくる。「練習していない」と言いながら一日じゅう練習しているのではないかと思うほどで、好きな曲に関しては理解する力、表現する力、完成させる力に秀でていたという。

父親が音楽の道に進むことに反対で、コンクールで優勝したらという条件がついていたあたり、マウリツィオ・ポリーニを思わせる。たくさんコンクールを受けたのも、先生や周囲にやらされたのではなく、音楽高校に進む許可を得たいいっしんだった。

見事に課題をクリアし、桐朋女子高校の音楽科では川島伸達《のぶたつ》に師事。三年生のときに日本音楽コンクールで優勝し、晴れてプロへの道を進むことになる。

自発的に音楽にかかわった点ではブルース・リウも同じだ。二〇一五年で優勝したチョ・ソンジンも本格的にピアノを始めたのは遅かったが、わずか二週間でショパンの『練習曲作品一〇』が弾けてしまったというエピソードがある。ブルースもまた、八歳で電子キーボードで習い始めたものの、一五くらいある趣味のひとつで、一日一〇分も練習すればよいほうだったらしい。『サラサーテ』のインタビューでは「あまりハードにやっていなかったからこそ、今も情熱が残っているのだと思います」と語る。

彼がプロをめざそうと思ったのは、一四歳でアメリカの「コンクール・フォー・キッズ」に出て、クリーヴランド管弦楽団と共演してからだった。「誰からも練習を強制されることはなく、いつも新鮮な気持ちで続けて来ました」（『ショパン』二〇二一年一二月号）

いっぽう、まさに周囲にやらされて、いったん燃え尽きてしまったのが小林愛実だ。『時事ドットコム』の道下京子によるインタビューではこんなやりとりがある。

「実は先日、反田恭平さんにも話を伺ったのですが、子どもの頃から音楽教室で一緒だったそうですね。小林さんについて、『彼女は〝神童〟と呼ばれ、苦しいこともたくさんあったのではないかと思います』とおっしゃっていました」

「この世界では、いろんな人が苦労しているのではないかと思います。私だけではないと思います。小さな頃にパッと世に出てしまったので、何も分からずに大きな舞台に立って…今考えるとありがたいことばかりですが、当時は何がすごくて、何が光栄なのかがまったく分からなかったし、たぶん弾かされている感がハンパなかったと思います」

小林が危機を乗りきることができたのは、カーティス音楽院で師事したマンチェ・リュウや仲間たちの支えがあってのことだが、彼女の客観的な視線、自分を外から見る能力も大きかったに違いない。

高坂はる香から「入賞したことで注目されて、これからいろんな誘惑があるかもしれないけれど」……と話を向けられた小林は、「私、意外とそういうの興味ないですからね(笑)」とクールに返している。

「小さい頃、そうやってチヤホヤされるみたいなことが、たぶん私はあまり得意じゃなかったんだと思います。期待されすぎることにも耐えられなかったし。自分がやりたくないこともやらなくてはいけなかったけど、子どもだからわからなくて、言われるようにやっているところがありました。その時があったから、今はこういう考えになったのだと思います」(『ぶらあぼ』)

二〇二一年の一七歳トリオ、JJ・ジュン・リ・ブイとエヴァ・ゲヴォルギアンとハオ・ラオは、反田の一〇歳、小林の九歳下にあたる。

審査員のエヴァ・ポブウォツカは、『サラサーテ』のインタビューで同じ名前のエヴァ(というよりは先生のナタリア・トゥルーリ)に少し苦言を呈している。

「聞いたところでは、彼女はこの数年間の間に40ものジュニアコンクールを受け、この6月から9月の間にグリーグのコンチェルトとスクリャービンのCD録音をしたと聞きました。ショパンコンクールという特別な場所にくるためには、やはり新鮮な気持ちを持って、ここでショパンを弾くということに夢を持ってほしいです。そのためには時間とゆとりも必要です」

ハオ・ラオも多くのジュニア・コンクールで入賞しているが、彼は本当に苦労してピアノを勉強してきたのだ。湖南省の山腹の町に生まれ、四歳でピアノを始め、八歳半からヴィヴィアン・リーに師事している。中国の国土は広い。師は広州で教えていたため、星海音楽学院付属中学に入学するまで、なんと毎週、一六時間も電車に揺られてレッスンに通ったという。二〇一九年に北京で開かれた青少年のためのショパン・コンクールで入賞した際、審査員のディーナ・ヨッフェにワルシャワでのショパン・コンクールへの参加を勧められたとのこと。

ナタリア・トゥルーリやヴィヴィアン・リーは優れた指導者だが、少し面倒見が良すぎるような気もする。

面倒見の良さでは、ダン・タイ・ソンもひけを取らない。しかし、その指導は生徒の資質を見きわめた客観的なもので、適度な距離感を保っているという印象がある。アーリンク明美によるインタビューで彼は、ネイガウスの例を引いて話す。モスクワ音楽院でネイガウスに弟子入りしたかったギレリスが当時の先生と一緒に演奏を聴いてもらったところ、ネイガウスは先生に「彼にはミルクでなく別の食べ物が必要だ」と言ったという。ダン・タイ・ソン自身は「ＪＪ・ブイには苦いものを与えている」とのこと。

二〇二一年の審査員ケヴィン・ケナーは、一九八〇年のコンクールに一七歳で参加したときはファイナルどころか予選で落ちている。

「10年後にもう一度参加して最高位（2位）をいただきましたが、10代で参加したときとは違うプレッシャーを感じて苦しかったです」（『ショパン』二〇二一年一二月号）

反田恭平の師匠パレチニは、一九七〇年のコンクールでギャリック・オールソン、内田光子に次ぐ第三位だった。ブーニンが優勝した一九八五年から毎回ショパン・コンクールの審査員をつとめている。

パレチニは今回の審査員たち、ヤブウォンスキやケナーやジュジアーノやサー・チェンが入賞したときも審査員席にいた。まるで審査員クラスの先生のようなものだと苦笑する。

そんなわけで、本書を審査員歴の長いパレチニの言葉で締めくくろう。

「コンクールに出場する目的は勝つことだけではありません。本当の〝コンクール〟がスタートするのはその後です！　その時良い結果が出なくとも、後から成功する人もいます。勝者はその栄冠を手にするのに相応《ふさわ》しかったと証明せねばならず、結果が分かるのは数年後で、成功を語れるのはそれからです」（『ショパン』二〇二〇年八月号）

書類選考にもれた応募者、本大会に出場できなかった人々も含めて、すべてのピアニストにそれぞれの成功がおとずれますように。

あとがき

二〇二一年末から二二年前半の日本ピアノ界はショパン・コンクール特需に沸いた。入賞者ガラ・コンサートは残念ながら中止（新型コロナ感染症拡大による入国規制のため）になってしまったが、優勝したブルース・リウは、ドイツ・グラモフォンと契約し、ファイナルの結果発表からわずか二〇日後に来日。協奏曲の会場オーチャードホールは三階席まで埋まり、リサイタルの会場も一六三二席が完売となった。

反田恭平は一二月二二日、沖縄を皮切りに凱旋ツアーを開始、熊本、奈良、札幌と弾きついで、年明けの一月六日にサントリーホールで凱旋コンサート。すぐに完売になってしまったため、翌七日も同ホールで追加公演。二〇〇六席×二が埋まったことになる。

三月一七日には、小林愛実がサントリーホールでリサイタル。コンクールで話題を呼んだショパンの『二四の前奏曲』の他、これから深めていくというシューベルトのソナタもプログラミングされており、「未来への始まり」というタイトルにふさわしい内容で即日完売。

入賞者だけではない。二度目の挑戦でセミファイナリストとなった古海行子は、二〇二一年一二月四日に浜離宮朝日ホールで日本コロムビア主催のリサイタル。ショパンとスクリャービンを披露した。進藤実優も、二〇二二年一月二三日、地元の宗次ホールのスイーツタイムコンサートに「緊急出演」している。

セミファイナリストながら絶大な人気を誇る角野隼斗は、一月一〇日の岡山を皮切りに九箇所で「ショパンとガーシュウィン、そして…」と題した全国ツアーを展開。二月二〇日には東京国際フォーラムホールAでコンサート。五〇〇〇席のホールに音を届かせるためにPAを使うあたりも角野らしかった。

二次予選で敗退してSNSに抗議が殺到した牛田智大も、「デビュー10周年に贈る珠玉のショパン」と題して、三月一四日にオペラシティでリサイタル。これまた完売になったため、翌一五日にはサントリーホールで追加公演。筆者はこちらに足を運んだが、ワルシャワでのタッチは姿を消し、すべてを包みこむようなピアニッシモが印象的だった。

ショパン・コンクール特需は音楽雑誌にも顕著だった。二〇二一年一二月号でコンクール特集を組んだ老舗の総合誌『音楽の友』は完売。藤巻暢子、アーリンク明美、森岡葉をワルシャワに派遣して特集を組んだ同じ月の『ショパン』は、創刊以来初の増刷。弦楽器の雑誌だがコンクール特集号を刊行した『サラサーテ』も発売日当日に増刷。

紙媒体だけではなく、オンラインも大いに活躍した。ジャーナリストとして現地入りした高坂はる香は、『ぶらあぼＯＮＬＩＮＥ』やｗｅｂマガジン『ＯＮＴＯＭＯ』で連日臨場感あふれるインタビューやレポートを展開した。『ぶらあぼ』では通常の五倍、『ＯＮＴＯＭＯ』では一〇倍ものアクセスがあったという。

第一八回ショパン・コンクールは、なじみにくいイメージのあるクラシックのピアノ界を広く一般社会に開いた点で功績大だったが、さらに画期的だったのは、いささか旧態依然としたコンクールのスタンスに新風を吹きこむ数々の革命が起きたことだ。

その革命は、一人ではなく複数のコンテスタントによって同時多発的に起こされた。

コンクールというのは基本的に他力本願である。事務局という組織があり、組織が選んだ審査員がいる。気に入ってもらわなければ勝ち進むことはできない。しかるに反田恭平は六年がかりでコンクールそのものの傾向を調べ、統計をとって自らのスタンスを定め、他力本願を自力本願に変えてしまった。これは画期的だった。

コンクールの目的は優れた才能を発掘し、世に出すことにある。何段階もの「厳正な審査」を経て初めて世界のマーケットに辿りつくところ、角野隼斗はYouTuber「かてぃん」としてすでに世界中にファンを持っており、彼が出場したために、コンクールの動画再生数が驚異的に伸びた。これも画期的である。

コンクールの本選では協奏曲を演奏する。広いホールでぶ厚いオーケストラをつきぬける音を出すことが必須条件とされていたところ、小林愛実はあえてピアニッシモで勝負し、常識をくつがえしてみせた。これまた画期的である。

ショパン・コンクールはピアノ界でもっとも影響力のあるイベントで、翻弄された若きピアニストも数知れない。悲劇もたくさん生まれた。しかし、こうしてコンクールに飲みこまれるどころか、コンクールそのものを動かし、牛耳ってしまう若者たち……それも日本の……が現われたのは本当に胸のすく思いだだ。

本書は、二〇二一年一〇月にワルシャワのフィルハーモニーで本大会を観戦した際のメモをもとに集英社の文芸誌『すばる』に寄稿した文章に、二〇一八年ピリオド楽器のためのコンクールについて書いた『音楽の友』の記事を加え、大幅に加筆したものである。

二〇一五年、二〇一八年のコンクールではプレスエリアに行き、取材することもできたが、今回は新型コロナ感染症拡大にともなって禁止されており、審査員や出場者のコメントの大半は高坂はる香、飯田有抄、道下京子、久保田早紀各氏ほかによるインタビューを引用させていただいている。また、『ショパン』誌から派遣されて取材にあたったアーリンク明美、森岡葉両氏のご好意で審査員たちのインタビューに同席するとともに、出場者のインタビューも含めて録音起こしをご提供いただいた。この場を借りて御礼申しあげます。

拙書『ショパン・コンクール』では、予備予選から現地に赴き、ほぼ全員の演奏について取材し、紹介することができた。詳しすぎるという批判もあったようだが、それが筆者のスタンスだった。しかし、今回は、コロナのため予備予選に行くことができず、本大会もパスポートの関係で第一次予選最終日からの取材となった。いきおい、限られた出場者のみにページ数を割く結果になった。お名前と演奏を紹介できなかったコンテスタントの方々にお詫びするとともに、今後のご活躍をお祈り申しあげます。

編集に当たってくださった集英社新書編集長の東田健さん、元新書編集部の渡辺千弘さん、編集者の金関ふき子さん、「リアル・ショパン」というキーワードをくださった新書編集部の野呂望子さんに厚く御礼申しあげます。

青柳いづみこ

二〇二二年八月

青柳いづみこ（あおやぎ　いづみこ）

一九五〇年、東京都生まれ。ピアニスト・文筆家。フランス国立マルセイユ音楽院卒業、東京藝術大学博士課程修了。一九九〇年、文化庁芸術祭賞、九九年『翼のはえた指』で吉田秀和賞受賞。日本ショパン協会理事、日本演奏連盟理事、大阪音楽大学名誉教授。著書に『ショパン・コンクール―最高峰の舞台を読み解く』（中公新書）など多数。

ショパン・コンクール見《けん》聞《ぶん》録《ろく》　革命《かくめい》を起《お》こした若《わか》きピアニストたち

集英社新書一一三四F

二〇二二年一〇月二二日　第一刷発行

著者……青柳《あおやぎ》いづみこ

発行者……樋口尚也

発行所……株式会社集英社

東京都千代田区一ツ橋二-五-一〇　郵便番号一〇一-八〇五〇

電話　〇三-三二三〇-六三九一（編集部）

〇三-三二三〇-六〇八〇（読者係）

〇三-三二三〇-六三九三（販売部）書店専用

装幀……原　研哉

印刷所……大日本印刷株式会社　凸版印刷株式会社

製本所……加藤製本株式会社

ISBN 978-4-08-721234-1 C0273

定価はカバーに表示してあります。

a pilot of wisdom

集英社新書　好評既刊

文芸・芸術――F

超ブルーノート入門 完結編	中山康樹
必笑小咄《こばなし》のテクニック	米原万里
喜劇の手法 笑いのしくみを探る	喜志哲雄
米原万里の「愛の法則」	米原万里
現代アート、超入門！	藤田令伊
俺のロック・ステディ	花村萬月
マイルス・デイヴィス 青の時代	中山康樹
現代アートを買おう！	宮津大輔
小説家という職業	森 博嗣
美術館をめぐる対話	西沢立衛
音楽で人は輝く	樋口裕一
オーケストラ大国アメリカ	山田真一
証言 日中映画人交流	劉 文兵
荒木飛呂彦の奇妙なホラー映画論	荒木飛呂彦
耳を澄ませば世界は広がる	川畠成道
あなたは誰？ 私はここにいる	姜 尚中
素晴らしき哉、フランク・キャプラ	井上篤夫
フェルメール 静けさの謎を解く	藤田令伊
司馬遼太郎の幻想ロマン	磯貝勝太郎
GANTZなSF映画論	奥 浩哉
池波正太郎「自前」の思想	佐高 信 田中優子
世界文学を継ぐ者たち	早川敦子
あの日からの建築	伊東豊雄
至高の日本ジャズ全史	相倉久人
ギュンター・グラス「渦中」の文学者	依岡隆児
荒木飛呂彦の超偏愛！映画の掟	荒木飛呂彦
水玉の履歴書	草間彌生
ちばてつやが語る「ちばてつや」	ちばてつや
日本映画史110年	四方田犬彦
読書狂《ビブリオマニア》の冒険は終わらない！	三上 延 倉田英之
文豪と京の「庭」「桜」	海野泰男
アート鑑賞、超入門！ 7つの視点	藤田令伊
なぜ『三四郎』は悲恋に終わるのか	石原千秋

a pilot of wisdom

- 荒木飛呂彦の漫画術　荒木飛呂彦
- 世阿弥の世界　増田正造
- ヤマザキマリの偏愛ルネサンス美術論　ヤマザキマリ
- テロと文学　9・11後のアメリカと世界　上岡伸雄
- 漱石のことば　姜尚中
- 「建築」で日本を変える　伊東豊雄
- 子規と漱石　友情が育んだ写実の近代　小森陽一
- 安吾のことば　「正直に生き抜く」ためのヒント　藤沢周 編
- いちまいの絵　生きているうちに見るべき名画　原田マハ
- 松本清張「隠蔽と暴露」の作家　高橋敏夫
- 私が愛した映画たち　吉永小百合　取材・構成 立花珠樹
- タンゴと日本人　生明俊雄
- 源氏物語を反体制文学として読んでみる　三田誠広
- 堀田善衞を読む　世界を知り抜くための羅針盤　池澤夏樹 ほか
- 三島由紀夫　ふたつの謎　大澤真幸
- 慶應義塾文学科教授　永井荷風　末延芳晴
- レオナルド・ダ・ヴィンチ　ミラノ宮廷のエンターテイナー　斎藤泰弘

- モーツァルトは「アマデウス」ではない　石井宏
- 「井上ひさし」を読む　人生を肯定するまなざし　小森陽一　成田龍一 編著
- 百田尚樹をぜんぶ読む　杉田俊介　藤田直哉
- 北澤楽天と岡本一平　日本漫画の二人の祖　竹内一郎
- 音楽が聴けなくなる日　宮台真司　永田夏来　かがりはるき
- 谷崎潤一郎　性慾と文学　千葉俊二
- 英米文学者と読む「約束のネバーランド」　戸田慧
- 苦海・浄土・日本　石牟礼道子　もだえ神の精神　田中優子
- 万葉百歌　こころの旅　松本章男
- 拡張するキュレーション　価値を生み出す技術　暮沢剛巳
- 最後の文人　石川淳の世界　田中優子　小林ふみ子 ほか
- 職業としてのシネマ　髙野てるみ
- 演劇入門　生きることは演じること　鴻上尚史
- ドストエフスキー　黒い言葉　亀山郁夫
- 完全解説ウルトラマン不滅の10大決戦　古谷敏　やくみつる　佐々木徹
- 文豪と俳句　岸本尚毅
- EPICソニーとその時代　スージー鈴木

教育・心理――E

大学サバイバル　古沢由紀子
語学で身を立てる　猪浦道夫
ホンモノの思考力　樋口裕一
共働き子育て入門　普光院亜紀
世界の英語を歩く　本名信行
かなり気がかりな日本語　野口恵子
人はなぜ逃げおくれるのか　広瀬弘忠
悲しみの子どもたち　岡田尊司
行動分析学入門　杉山尚子
就職迷子の若者たち　小島貴子
日本語はなぜ美しいのか　黒川伊保子
「人間力」の育て方　堀田　力
「やめられない」心理学　島井哲志
外国語の壁は理系思考で壊す　杉本大一郎
○《まる》のない大人　×《ばつ》だらけの子ども　袰岩奈々
メリットの法則　行動分析学・実践編　奥田健次
「謎」の進学校　麻布の教え　神田憲行
孤独病　寂しい日本人の正体　片田珠美
「文系学部廃止」の衝撃　吉見俊哉
口下手な人は知らない話し方の極意　野村亮太
受験学力　和田秀樹
名門校「武蔵」で教える東大合格より大事なこと　おおたとしまさ
「本当の大人」になるための心理学　諸富祥彦
「コミュ障」だった僕が学んだ話し方　吉田照美
TOEIC亡国論　猪浦道夫
「考える力」を伸ばす　AI時代に活きる幼児教育　久野泰可
保護者のための　いじめ解決の教科書　阿部泰尚
大学はもう死んでいる？　苅谷剛彦　吉見俊哉
「生存競争《サバイバル》」教育への反抗　神代健彦
毒親と絶縁する　古谷経衡
子どもが教育を選ぶ時代へ　野本響子
僕に方程式を教えてください　高橋一雄　瀬山士郎　村尾博司
不登校でも学べる　おおたとしまさ

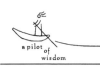